U0841063

折翼孩子能飛

師徒創路學堂師生

折翼孩子能飛
作者／師徒創路學堂師生
策劃編輯／伍詠慈
美術設計／劉碧雲
出版發行／突破出版社
香港沙田亞公角山路 33 號突破青年村
電話：2632 0000　傳真：2632 0388
電郵：breakthrough@breakthrough.org.hk
網址：http://www.breakthrough.org.hk
http://www.btproduct.com
承印／陽光（彩美）印刷公司
2013 年 6 月初版 1 刷
2014 年 11 月初版 2 刷
版權所有 © 2013 突破有限公司

Pathfinding: Discovery of My Way
by Mentees and Mentors of Modern Apprenticeship
First Printing, First Edition, June 2013
Second Printing, First Edition, November 2014
Copyright © 2013 by Breakthrough Ltd.
All Rights Reserved
Printed in Hong Kong
ISBN 978-988-8073-90-0

承蒙新鴻基地產贊助出版經費，特此鳴謝。

本書經文取自《新標點和合本》，版權為香港聖經公會所有，承蒙允准採用，特此鳴謝。

誠邀閣下就突破出版社的書籍發表意見

歡迎加入突破書籍 Facebook page — http://www.facebook.com/btbooks.page

本書採用環保油墨印刷

心 理 與 栽 培

關懷、連繫、復和、

溝通、對話……

凝視心之脈動，

直到重新尋獲自己的心。

目錄

創路達人上篇〉堅持

1 先學做人

2 再學做工

3 創路羣體

創路達人下篇〉同行

1 生命導師

2 工作師傅

3 家校同行

梁永泰〉寫不完的**創路故事**

突破機構總幹事

「青年人」對你來說是什麼？是老師眼中的「分數」？是僱主心目中的「生產力」？是社會工作者的「社會問題」？是一大堆「數字」？

不，他們是有臉孔有思想的個體，有自己的夢想、有生命力、有學習能力，還有一股青春氣質。只是，我們的世界充滿悲情，聯合國 2013 年出版的《全球就業報告》，青年失業率超過一半。《經濟學人》在 2013 年 4 月 27 日出版一期題為〈失業的世代〉為封面的報告亦表示，青年失業的問題不單止在落後的亞非拉，在歐美亦相當嚴重。青年失業率高，就顯示不單失業嚴重，而且就業不足，只有短期就業，另外，學非所用的情況，同樣非常嚴峻。這一代青年人缺乏工作機會，沒有安全感，對前途不肯定，會帶來什麼後果？

在歐洲，青年嚴重失業帶來不滿、示威、搶掠、火燒超市、與警察對抗等。這動亂已經由歐洲燃至北非。青年人不再相信未來的希望，他們對現今的世界秩序不滿。他們咆哮和吶喊。他們要改變世界！

在香港，青年就業率一直維持雙位數字，甚至有人懷疑統計處的資料有粉飾太平之嫌。香港最大的工業，有嚴重泡沫的成分，如金融、地產、旅遊和零售，在金融海嘯的衝擊下，危機重重。本港沒有強大的實業和出口作後盾；而在大陸設廠要北移，廉價勞工不再，香港工業面對前所未有的危機。看一看「創意工業」的萎縮就是一個警號。音樂工業沒有了，人們不再購買唱片；港產片與大陸融合至「合拍片」，頓時失去其風格與優勢；出版事業呆滯，叫人擔憂。

突破機構因着基督的信仰，相信在最幽暗的地方就有顯示未來光明的可能。於是選擇了歷屆會考或高級文憑試成績最差的學生，有機會在全港最大的機構實習，並由突破導師啟導青年的信心，自我反省，立定目標，再上路。我們相信，如果社會上最弱勢的一羣青年都有生機，這個社會一定有希望。我們選用的方法是互動式教學，師徒相顧，在工作間體驗學習，有人格與德育培育，羣體和同輩的心理支持，着重內心力量與外在目標，聯同家長、僱主、社工等一同支援。「師徒創路學堂系列」，已經舉行了十年，其中一些受過訓練而今天成才的青年，寫下自己的心路歷程，結集成這一本《折翼孩子能飛》。當中有 Coyan（景欣）和小鳥（雁盈）的自我重建故事，有少數族裔 Ansir 的成功創路歷程，有子聰的創路動力，有 Dian（婉兒）的羣體經歷等，都是真人真事，有血有肉，發生在我們這個社會的青年生命改變故事，由最弱勢青年轉變成為社會的創路者。

文本中的故事，呈現出崎嶇的創路過程，要克服自己的心理障礙，超越家庭的重重困難，要在升學與就業上打好基礎，甚至要走出隱蔽，邁向人羣，這都是不容易。同學與師傅的鼓勵，和導師的教導，對孩子來説，一生受用。

不單如此，這一羣勇敢的同學，組織了同學會 MAP，鼓勵其他青年一起創路，他們曾多次在各中學表演，甚至往四川「北川一中」作分享，感動多人，重建生命，轉弱為強，由失望放棄至目標清晰，再上路。

其中有家庭重建，父母與青年復和，互相欣賞和感情表達。亦有師徒結下一生情誼，互相鼓勵。又有導師積累經驗，在北京農民工子女的培育上，再開花結果。青年創路故事，永寫不完，因為是由每一個生命去共寫的。

郭炳江〉最有價值的**投資**

新鴻基地產主席兼董事總經理

社會得以持續發展有賴年輕一輩的承接，因此投資教育工作是社會發展的重要項目。同樣，一間企業要持續發展，亦必須先做好新一代員工的培訓。

在香港現時的教育制度及社會氛圍下，學業成績不如理想的年輕人往往被視為低生產力的一羣，他們在其他方面的能力亦常被忽略，並未被社會發掘及加以善用。其實，這羣年輕人同樣是香港未來重要的人力資源，他們只欠一些機會，加以琢磨後定能為社會作出貢獻。

由 2003 年開始，新鴻基地產很高興與突破機構合辦「師徒創路學堂系列」的多項計劃。透過生涯規劃訓練、技能裝備及職場實習等，幫助一羣缺乏成就感的年輕人重新認識及裝備自己，並尋找未來的職業路向。過去十年，不單參與的年輕人有所得着，有份擔任職場師傅的新鴻基地產員工同樣獲益良多，部分表現優秀的學員更被錄用，成為集團的新力軍，達至年輕人、員工及集團的三贏結果。

十年間，擔任職場師傅的新鴻基地產員工已超過一百人次。這些同事透過突破機構提供的師傅訓練，以及在職場上與徒弟緊密同行，對新一代年輕員工的心態加深了解，有助更具體掌握培訓及督導的技巧。此外，近年更喜見有經驗豐富的師傅帶着新手師傅一同參與計劃，將師徒文化及培育新一代員工的經驗承傳下去。部分已為人父母的師傅更表示，參與計劃之後，他們與子女之間的溝通及關係也有所改善，這實在是意料之外的收穫。

人生中遇上逆境，可以叫人一蹶不振，但亦可以成為令人成長的重要契機，關鍵在於有沒有人願意伸手相扶。年輕人今天或許在學業上跌倒了，我深信只要家庭及社會堅持相信年輕人擁有潛能，並給予耐心、愛心、支持與機會，每一個折翼的孩子必能夠再次起飛。

在生涯規劃這課題上，商界的參與十分重要。期望有更多企業願意與社福機構合作，向有需要的年輕人提供工作實習的機會，並鼓勵企業的員工成為年輕人進入職場的同行者，幫助他們培養信心和能力，繼承香港未來發展的重任。

師徒創路學堂簡介

「師徒創路學堂」(Modern Apprenticeship，簡稱 MA)是突破機構「創路坊」2003 年開辦給青年人的課程，亦是突破機構的創路事工體現。

創路事工以「先學做人，再學做工」的理念，作為培養青年人的方向。「先學做人」是相信青年人要面向未來，必先從自我認識開始，並在認識自己、他人及身處社羣的過程中學習分辨真我、自身的想法和需要。「再學做工」是協助年輕人認識及進入工作場境，吸收經驗、檢視創路的效能和路線圖。整個創路的生涯規劃歷程包括:「知己」、「知彼」、「抉擇」、「訂定」及「實踐」，最後邁向個人召命。

從 2003 年開始舉辦的「師徒創路學堂」，加入與商界夥伴新鴻基地產（2003，2006，2007，2008）及新世界集團（2004，2005）合作的元素，貫徹我們對青少年的信念，在學校、工作、家庭和社羣等不同的體系中，全面培育青少年，開創自己的成長路。此計劃舉辦了五年（2003-2008），共有 130 位青少年參與其中。

他們要經歷十個月在不同範疇的培訓，結業後再踏上自己的成長路。課程內容包括：

1. **課堂**：實用語文、資訊科技應用和職業發展課程，幫助青年人裝備自己。（歷屆提供課程的包括中華基督教會公理高中書院、聖道中學、地利亞教育機構等）

2. **工作實習**：安排學員到職場實習，由工作師傅教授和指導，讓青年人適應工作環境。（由商界夥伴提供）

3. **人際與領袖素質訓練**：透過不同的成長工作坊及營會，培訓學員的人際及領袖素質，加強抗逆力及未來視野，助青年人發掘領袖及人際潛能，創出個人新路向。（由突破機構「創路坊」提供）。

2008 至 2010 年間「創路坊」延續「師徒創路學堂」的使命，並將當中的信念化作不同的項目，期望將過往的經驗和概念深化，與更多的青少年工作者分享。為期望有更多人受惠，讓計劃的理念及核心價值幫助更多青年人，故在新鴻基地產的支持和協助下，於 2008 年成功申請到「携手扶弱基金」，籌辦「想創習作」（Mini MA）幫助有需要的青年人。

直到 2010 至 2012 年，面對香港社會及教育制度之轉變，「創路坊」繼續夥拍新鴻基地產，回應時代需要，開辦師徒創路系列「想創未來 2010 - 2012」生涯探索與領袖訓練計劃（Dream Architetc，簡稱 DA）。計劃對象為新學制下首屆中五學生，事工仍抱着「先學做人，再學做工」的信念，配合學校新高中學制下的「其他學習經歷」（Other Learning Experience）的教育，盼望能協助年輕人在社會制度的轉變下勇於探索前路，敢於啟動夢想，挑戰種種局限，並創建未來人生路。

2013 年，「創路坊」及新鴻基地產接續開辦「『見』造未來」生涯探索與領袖訓練計劃，繼續扶助新學制下的青年人創路。

「師徒創路學堂」先後出版兩本著作：《創路達人の從零開始》（2008）介紹計劃理念及《玩創未來》（2010）的創路活動結集，向青少年同行者分享栽培青年人創路的經驗。

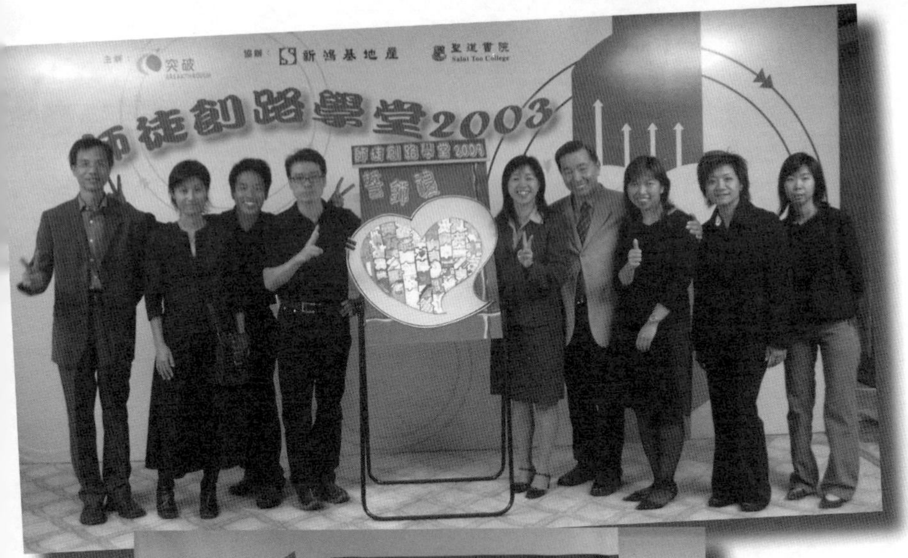
突破
新鴻基地產
徒創路學堂2003

暑期青年職場體驗計劃
2010誓師禮
想創習作
突破
新鴻基地產
暑期青年職場體驗計劃2010誓師禮

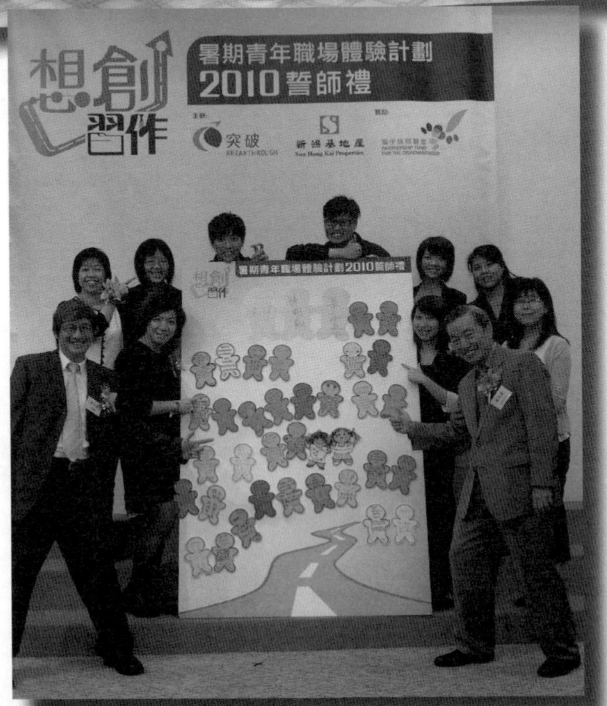

創路坊同工

創路同行者的故事

朱淑君
師徒創路學堂課程統籌

「創路坊」是突破機構人際事工其中一個單位，負責青年創路事工。「師徒創路學堂」的出現，也是「創路坊」創路的開始。

回想在 2002 年，社會上出現了一個新名詞：「雙失青年」，指一些基於不同原因而離開了學校，但又不能投身就業市場的年輕一代，他們同時面對失學與失業的困擾。

那一年，創路坊亦到了異象重整的階段。之前與突破機構的輔導中心合作舉辦「試工計劃」[1]，加上曾為不同學校、教會的青年人舉辦個人成長及領袖訓練活動的經驗，創路坊的同工開始思考如何可以運用這些經驗及恩賜，為社會上這羣前路茫茫的青年人尋找出路。然而，要為他們開展計劃，需要不少資源及配套，對於當時正值人手嚴重不足的創路坊（當時只有三位同工）來説，簡直是天方夜譚，因此同工們只能默默地把這個想法放在禱告之中。

奇妙的事卻在2002年下半年發生了。一個下午，突破機構舉辦了一個內部小型會議，內容是協助構思「雙失青年」的事工，創路坊同工亦應邀參加。該事工原來已獲得本地商業機構的財政支持，欠缺的只是有負擔，而且負責籌劃及執行的同工。這事工的異象，正與創路坊的方向一致，這是一件何等感恩的事情。

由於創路坊人手缺乏，突破機構建議把當時隸屬突破輔導中心的學校輔導組與創路坊合併，令創路坊的人手由三位同工增加至七位。曾有「試工計劃」的合作基礎，讓兩組同工在籌劃及執行新計劃時，有自然的默契及配搭，是另一件很感恩的事。

我們將計劃命名為「師徒創路學堂」，期望更有效幫助青年人，不但要把過去的經驗整合，更大膽地思考如何把商界（工作實習）及學界（實用學科學習）的元素加入計劃之中，並邀請商界人士擔任青年人的工作師傅，幫助他們在實習過程中一步一步學習成長。這是嶄新的創路歷程，感恩是當時得到新鴻基集團及聖道中學的通力協助，令此條創新的路得以開通。

作為一班甚少與商界及學界緊密合作的同工，在籌備新計劃的過程中，有很多需要學習的地方，如：怎樣把「師徒」的觀念更新，並向商界的合作夥伴推廣；如何與老師一同草擬實用科目適切這班有特殊學習需要的學生，提升他們的學習興趣，並克服他們以往在學習及校園生活上的挫敗經歷；如何接觸不同的學校及透過不同媒介接觸和招募參加者等。這方面的經歷，讓我們更明白如何與不同羣體在文化及學習上合作及共融，亦加強了創路坊日後與不同羣體合作的信心，讓事工得以更新發展，如在第二屆「師徒創路學堂」中，籌委會就大膽嘗試邀請南亞裔學生加入學堂，讓課程滲透着不同種族文化共融的元素。

近年，會考時代結束，三三四學制推行，「師徒創路學堂」亦需要與時並進。因此，從 2008 年起，「師徒創路學堂」轉型為濃縮版，當中籌委成員致力把 MA 的元素融入三三四學制的其他學習經驗中（Other Learning Experience），這亦成為了「師徒創路學堂」再創路的新里程。

註 1：試工計劃，創路坊與輔導中心於 2001- 02 年間曾與基督教得生團契合辦了「試工計劃」。此計劃旨在協助一些將完成福音戒毒訓練的青年人認識自己，重投社會。計劃包括自我認識、領袖訓練及在突破機構不同部門進行試工體驗。

青年人創路，不是如何找一份工，然後見工、入職、工作的刻板歷程。創路是青年人有血有肉的歷險故事。對 MA 的青年人來説，這歷程格外艱辛，他們在學堂內經歷「先學做人，再學做工」的循環歷程，還要有同輩的「創路羣體」並肩同行，才能走出自己的路來。

上篇邀請創路青年人就三個關鍵的創路元素 —— 先學做人，再學做工，創路羣體，分享他們的學習和故事，然後由 MA 的生命導師透過青年人的故事解説創路元素如何建立青年人。

1

先學做人

青年人來到MA，將經歷生命的三個階段：修復、提升與實踐。這過程包括了由內在自我層面到外在創路層面，自我層面的修復——包含了對自己的重新認識和發現，找到自己的獨特性和身分；提升——青年人建立自己的效能感和未來感，提升對前路的期盼；實踐——認識自己的創路身分，為自己的未來及人生訂立長遠目標及實踐藍圖。

的地圖

趙景欣

MA4 學員。現正修讀多媒體副學士，將於 2013 年暑假畢業。MAP 是不論外面經歷多少，永遠可以回去的家。

從小到大我都無心向學，讀書只是我的避難所，希望避得一時得一時，結果小一留班，會考一分，讀毅進課程，亦有一科不及格而未能完成課程，後來也找不到工作。那時候，社會對雙失青年的輿論太可怕，把雙失說成「廢柴」。正值雙失的我不想被標籤，惟有參加 2006 年的師徒創路學堂，進入另一個避難所。

「生人勿近」

在 MA 的導師叫 Joan，我們叫她作「Joan 媽」。她是我生命中第一個非親非故，但甘願與我同行的人。帶着我這個麻煩人，不知道她會否有一刻覺得自己有點不幸？

我的家境不好，讀 MA 時，負擔很重。記得有一次，我在 MA 表達家庭的經濟困難，或者需要退出課程。不久，我就收到「Joan 媽」一封利事，當下自卑的我卻說了一堆傷害她的說話，大概是：「你有錢大晒咩？你試過窮咩？」自卑的人，不單要傷害自己，更要傷害身邊的人，就算其他人對自己好，也拒人於千里之外，認為全世界只有我一個可憐人，沒有人比自己更慘情，老是跟自己過不去，為自己造成很多不快。大概我的性格如此，和 Joan 的關係只是起起伏伏，畢業後兩三年，每次與她對話，也不能沒吵架，而我更不多願意再見同屆的同學。

我來自一個破損的家庭，爸爸不務正業，家庭只靠媽媽獨力支撐，每天打兩份工作，後來更患上精神病。我和哥哥不是在伯伯家中暫住，就要獨留在家，我們沒有錢交電費，就算怕黑都不敢開燈。間中爸爸會回家，不過他一回來，又會與媽媽來一輪「腥風血雨」。爸爸是家中惟一不會打我的人，不過他帶我去的場合對我有更不良的影響。

這樣的成長環境扭曲了我和哥哥的人生，哥哥常在外生事，欠下賭債，不時有財務公司上門恐嚇我們。而且，他亦經常帶朋友到家中暫住。中一那年，我被哥哥的朋友侵犯了……那時，我消沉得見日過日，上學就睡，睡到放學。中三曾試過發奮唸書，考到班中第三，後來又因家事和面對不同困境，讓生命重重複複沉溺在自己假想的世界。

回想起來，我的性格早在幼稚園時已經成形。爸爸是我的學習對象，我不要被人欺負，所以就要假裝強悍欺負他人，「蝦蝦霸霸」，無事生事。我還愛與人辯論，一言九鼎。我的性格嚇走了身邊的朋友，他們都怕與我溝通，甚至教會的弟兄姊妹也視我為「生人勿近」。除了一次又一次把千辛萬苦得來的事奉崗位斷送了，教會牧師也怕我生事，要求我離開，那時我真的跌落人生的低潮。

投入羣體

2010 年，我鼓起勇氣重新投入 MA 的聚會，參加活動，當師弟妹的成長嚮導[1]。起初，我都是帶着愛炫耀的劣根性，直至看到其他成長嚮導的真誠，我才漸漸開始改變。過程中，我很容易為了取悦人而急於改變，不斷顯露自己的缺點，但我明白，自己必須一小步一小步地改變。

對我而言，堅持是一件困難的事，我總有想放棄的時候。就算自己正在努力改善，周邊總有人懷疑自己，說我江山易改，品性難移。幸好，我還有 MAP[2] 的支持，他們看好我，而他們的眼光亦造就了我。那一年全情投入與 MAP 的相處後，它讓我找到一個值得信任的羣體。以前我不會公開自己的過去，覺得不光彩，不曉得他人會以什麼眼光來看我，但在 MAP 的面前，我可以坦言無懼分享，因我知道維繫我們的，是一顆顆單純又互相關顧的心。多謝他們和教會弟兄姊妹的鼓勵，我終在 2011 年的突破復活節福音營，在近百人面前分享我的創傷。

MAP 是令我急速成長的羣體，他們都比我強，我在他們身上學會不同的功課。若不是我親身見證他們對生命質素的執著，我也不會看重堅守理念的重要，放下虛榮心，使我更關心社會，希望為社會做更多事。

孤單有時

雖然 MAP 的羣體給我很大支持，但人總有獨處的時候。獨處時，我會翻閱 MA 時寫下的心情札記（每次活動後的個人檢討），回想當日 Joan 的關心，還有挺過困難日子的經歷。我知道有些錯誤，是不停地重複犯下的，從札記之中重溫 Joan 的教導，我學會重整自己的步伐，亦發現過程中最重要的陪伴來自上帝。

上帝最奇妙的工作，是讓我感受到教會肢體的關心。曾經跟幾個教會弟兄去緬甸短宣，他們讓我明白自己從來都沒有活出真我，服侍他人都是虛榮心作怪。事實上，我只想透過關心與爸爸經歷相同的人，以高姿態來表現對他的原諒。結果，面具愈戴愈多，我沒法接受自己，別人更不能明白我。

原來我一直沒有原諒爸爸，也沒有從對他的憎恨中釋懷。教會的弟兄教曉我，沒有真正的原諒就沒有真正的將來，我開始慢慢去思考人生的不滿和不快從何而來，我開始改善脾氣，放下一個又一個假的我，由假裝強悍到學習溫柔。

未圓的夢

在 MA 的時候，我立志完成毅進課程，然後投身警隊。畢業後，我重回突破課程時的實習崗位，轉為長工，晚上繼續修讀毅進課程。我又跟一個志同道合的朋友習泳，一星期游三四天，還參加山藝課程，學急救，目的是為投考警隊作好準備，但後來卻得悉投身警隊需要三代身家清白，家庭的過去深深印在我腦內，頓時打擊了自信心，未投考便要放棄。後來，朋友提議我投考輔警，起碼審查要求低一點，結果體能過了關，面試卻不達標，最後我還是放棄了這個理想。

後來我嘗試投考其他紀律部隊，可惜也未能成功。目標落空，我的工作態度變成騎牛搵馬，經常請病假，工作屢屢出錯，要勞煩其他同事為我「執手尾」，與同事的關係自然不佳。一年轉工兩次，最後找到一份目前為止做得最長的工作，就是政府部門的辦公室支援助理。起初，看見職位上有「辦公室」三個字，我掙扎是否適合，希望可以做好，結果態度還是得過且過，換來的卻是同事一次又一次的容忍。也許是政府部門較私人機構輕鬆，同事之間也沒有太多的階級觀念，我漸漸對工作機構產生了很強的歸屬感，錯誤逐漸減少，人際關係都改善，就這樣工作了三年。最後，因為婆婆離世，啟發我思考將來。我不甘一生當文員，不想在死前也沒有好好過我想過的人生，於是決定離職。

向理想出發

離開辦公室助理的工作在即時，我開始思考應該怎樣走下去，重新讀書還是繼續工作？我從小就無心向學，若選擇升學，能否應付和重新投入校園生活？若畢業後的學歷認受性不高，找不到理想的工作怎辦？若選擇找另一份工作，以我的學歷，就算找到理想的工作，也只會在工作上停滯不前？這些問題在我腦內思考了半年之久，最後我選擇升學。始終，現時社會重視的都是學歷，沒有學歷就什麼都別想。

重返校園，我選了城大的多媒體創作副學士課程。我要重新適應校園生活，課堂上教的大部分都不明白，只好錄起來回家溫習，亦要惡補英文，請舊同事和教會朋友替我補習。成績才僅僅及格，我感到很徬徨，壓力極大，而且在學校找不到年紀相約的朋友，不時感到孤獨，只能找教會的弟兄姊妹哭訴。

當我對分數愈有期望，就愈考不到好成績，有時候見到關係疏離的親戚朋友，他們總有幾句冷嘲熱諷，最常聽的是：「讀多媒體即係咩都讀，即係唔腳踏實地，有文職你又唔做。」

幸好我已經學會了不要把這些話放在心上，有困難就學習解決，讓自己強壯起來。學業盡力就可以，就算不及格也不代表我什麼都沒學到。

多媒體創作講求創意和商業效益，但我較多留意社會和有教育意義的議題。我又有一個夢，就是到緬甸服侍他人，它是我第一次出國的目的地，這個地方的人民被軍政府打壓，政府濫殺無辜，但就在這地方，出現了一個為人民自由勇於發聲的昂山素姬，她是我的學習對象。我希望日後能利用我所學的技能為社會少數羣體發聲，平衡今日香港的媒體文化。

我看教育

要不是接受過 MA 的另類教育，大概我就是社會上其中一個問題青年。我認為教育不是賺錢的工具，更不是政治棋子；一個又一個無遠景的改革只會製造更多社會問題。教育應從「人」的方向出發，辦教育的亦應以身作則，年輕人需要的是身教，是勇於承擔，接受意見的榜樣。

註 1：成長嚮導，MA 畢業學員會自願擔任為師弟師妹提供心得和意見，陪同他們一起創路。

註 2：MAP 是師徒創路學堂的畢業同學會。

裝上翅膀的小鳥

蘇雁盈

2012 年 Mini MA 學員，同學稱她為小鳥，
現正修讀 IVE 商業文憑。

光陰似箭，Mini MA[1] 八週的實習完結了，在突破機構大大小小的營會訓練亦完滿結束，真有點不捨。雖然只是兩個多月的時間，但同學和導師之間早已建立了一份可貴的友情，像個大家庭。導師好像父母，而工作實習期的師傅就像我們的長輩，看着我們成長，學員就像兄弟姊妹，互相分擔喜悲。

我會用野種子[2] 來比喻我們這十八個學員，每個人都具備不同的潛能、價值，但我們有時卻忽略了自身的天賦。參加這個計劃後，我們的能力被發掘、澆灌、栽培，經歷了一個又一個逆境及挑戰後，讓我們今天成為一朵朵美麗茁壯的牡丹。

沒有目標比達不到目標更可怕[3]

我一向不為自己訂下目標，曾經歷過一段時間，漫無目標，失去方向，無論遇上什麼事都只是逃避，過得一天算一天。雖然生活上好像沒有影響，但卻有種缺欠的感覺，直至參加了這個計劃，才曉得我一直欠缺的，正是為自己訂立一些目標。這些目標可以很簡單，甚至一天向五個人說早晨，也算是一個目標。

我學習為自己訂下短期的目標，例如：早上準時起牀，尤其在實習期間，期望改掉遲到的習慣，一星期準時上班。達成目標後，便再提高對自己的要求，一個月內準時上班。結果，我成功了。另外，我要求自己每天在工作中，發掘一樣新事物，訓練自己細心；同時也希望做到師傅的要求，多些笑容，以及與人有眼神接觸。雖然現在還做得不太好，但我卻發現自己進步了很多，至少不再漫無目的地生活。現在我的座右銘就是：每天為自己訂下小目標，為生活賦予意義，而我做事自此也變得主動和積極了。

今天的成功無非是昨天的不可能 [4]

「失敗」對以前的我是不可接受的。成功的時候，我會很積極很用心很出色，但遭遇失敗時，便意志消沉，欠缺積極，甚至逃避。今天的我學懂接受自己的不足，成功的人，背後總經歷過無數次的失敗，但怎樣面對失敗，就在乎我們以一個怎樣的態度面對。現在覺得雖然失敗過很多次，但每次失敗，也能讓我從中學到功課，以助自己下次成功！

你不控制困難，困難便會控制你 [5]

MA 中令我最深刻難忘的是逆境營 [6]。在逆境營中，我們有分組完成的歷奇任務，亦有靜下反思的時間。營會完結以後，自覺脱胎換骨！現在，每當我想放棄時，我也會回想起逆境營發生的事，自我勉勵。

在營裏，我們只可用有限的錢（每人 $12），購買全組的食物，在野外煮食，更要二人一組在晚上行山。當導師對我們説，終點是山頂上有燈的位置時，我看着很長的路程，真的很想放棄。山路很斜很難行，我多次喊「停！」但是同伴一直説：「加油啊！小鳥你得架！」我們終於到達山頂，當下真的好開心！

不過休息一會後，山頂的工作人員説：「下一終點就是那邊的山頭！」我心忖：「不是吧？又一個！」我未及申訴，就起行了。記得路途上我差點跌倒，在山路上走上走下，終於咬緊牙關到了終點，以為難關經過了，但説明叫逆境營又怎會這樣順利？下山時，我們已經很累，誰知工作人員要求我們合力抬一個五十磅的人形沙包回突破青年村，經過接力又接力，以及不斷的堅持，最後我們終於到了，那時已經是凌晨四時三十分。經過十三小時的行程，我們真的到了！沒錯！這是寶貴的一課，也是我人生一大突破！

逆境營的一課，讓我學習要堅持，但我很快就面對考驗。出營後，我喉嚨很痛，很不舒服，但翌日就要上班。我在之前的工作評估中，已有三次遲到及請假，我答應工作師傅要改進工作態度，也要對自己負責任。所以，這一次即使很辛苦，我依然堅持，而最後我真的做到。換着是以前的我，一定找藉口請假，但這次我突破了自己，我真的做到了！那個月我上班「零遲到」，連師傅都稱讚我！

在實習期間，記得有一次師傅吩咐我影印一百份課堂筆記，每份大約十頁。我照着吩咐影印，每頁影一百張，然後師傅問我：「影完未啊？我仲有事想你幫手。」我説：「差 5 頁就印完 100 份，準備釘裝。」師傅看一看就説：「你做咩事啊？全部唔要喇！再影過啦，用影印機釘裝功能。」結果我白白浪費了五百張紙，這件事令我學到人與人之間的溝通要清楚，知道別人的要求。各人的處事方法不同，需要互相了解；做事之前要想清楚，知道每個程序，減少出錯。這事以後，我又學到新功課，令我不斷進步，但同時我亦要學習謙虛，繼續在不同方面，如處事方法、人際關係等事上努力學習。

每個人都有害怕的事情，亦各有弱點，但只要我們不放棄，就有控制它的可能，甚至最後能打敗敵人。相反，若然我們害怕、退縮，就只會被它控制。我盼望我們這羣青年人將來能以積極的態度，面對人生中所有挑戰！加油！

堅持是最大能量

我很感謝每一位曾在背後默默支持、鼓勵我們的導師，他們說：「我忍得你哋，就食得屎」。感謝導師「食咗我哋咁多屎」，這種包容和細心，絕非必然，感激他們的照顧和教導。我也要感謝突破的同工，默默為一羣青年人工作、策劃活動，亦大大支持我們！

另外，我亦要感謝我的工作師傅，他教了我很多人生道理。最初與師傅見面，覺得他很好。爬繩網陣[7]時，我很害怕，不敢繼續爬，他很鎮定地跟我說：「加油啊小鳥！唔駛驚！慢慢深呼吸！」一步接一步，終於完成要求。當我們返回地面時，他跟我說：「其實我剛才都好驚，只係我見到你仲驚，我先扮鎮定！」雖然在工作上，我們不是經常見面，但他的工作態度，讓我有所得益，甚至改變。雖然他為人嚴謹，但正正因為他的嚴格，令我進步，有如俗語謂「嚴師出高徒！」在我心中，他永遠都是我師傅，多謝你！

當然，我很感激十七位同行的學員。多謝你們在困難的時候，伴着我一起經歷。我們能夠一起畢業，並非僥倖，而是經過很多挑戰才能成功，盼望我們往後的日子，大家能繼續向前，向着各自的標竿直跑！

這個計劃教會我「堅持」，在這裏，我想向家人說一句：

「我長大了，我學會了堅持！多謝你們在我唔開心的時候支持我！多謝你們！」

註 1：Mini MA，五屆為期一年的 MA 課程結束後，創路坊舉辦為期八週的創路課程：「想創習作 —— 青年職場體驗計劃」，把一年的課程濃縮，供完成 DSE 的青年人報讀。

註 2：野種子，一首 MA 內常唱的歌曲，Ki Hoon Im 作曲，陳少琪填詞，陳文媛主唱，鼓勵青年人發掘生命潛能。

註 3：沒有目標比達不到目標更可怕，為 MA 的口號。

註 4：今天的成功無非是昨天的不可能，為 MA 的口號。

註 5：你不控制困難，困難便會控制你，為 MA 的口號。

註 6：逆境營，MA 的訓練活動，透過兩日一夜的野外歷奇訓練青年人面對困難的決心。

註 7：繩網陣，MA 的訓練活動，由工作師傅和青年人一起完成。

真識・珍惜

李貴華

MA5 學員，現正修讀屋宇設備工程高級文憑。

做夢都沒想過，我竟有勇氣向人分享自己的心路歷程。這種改變都是因為 MA 導師、工作實習師傅及商界的幫助。

從出生至今，我曾經經歷很多波折。在兄弟姊妹裏排行最大，我時常要為家人分憂和處理問題。年幼時期，由於環境改變，我和弟弟寄養在鄉下的親戚家中，而媽媽則在香港一邊工作賺錢謀生，一邊照顧最年幼的弟弟，然後寄錢給我和二弟作生活費。説真的，開心和快樂對我來説很難求，直至來港與家人團聚，我總算可以放鬆心情。不過，來港卻需要面對另一些問題，新移民來港，有很多新事物要適應，也有太多問題要處理，包括住宿、學校、生活環境等。

為了不讓媽媽太辛苦，無論做什麼事，我對自己都有很高的要求，務求做個好榜樣。雖然感到壓力，我仍會盡力做好自己，但怎都沒想過，帶着這種心態過日子，竟令我變得冷酷。從小到大，除了家人，我很少與他人接觸及相處，總愛將問題藏起來，自己解決，亦不喜歡與人分享自己的樂與憂。結果，我變得沉默寡言，害怕和別人相處，也找不到傾訴的對象。

一通隨意的來電

至於我，為何會報讀「師徒創路學堂」？現在回想起來，參加這個課程是超值的，對我來說更是如獲至寶。

中學會考放榜，收到成績的那一刻，我的心情平靜。很多着重學業的同學，眼眶已經滲出淚光。我不是拿到好成績，還差一點點分數才可以繼續升學，説真的我都不高興，於是我央求校長和老師讓我原校升學，可惜遭拒絕了。很多同學和我的情況一樣，最後只能拿着成績表回家去，腦海一片空白，什麼都想不到。

由於未能升學，再加上皮膚問題，令我失去自信，不敢抬頭面對他人，而我亦變成雙失青年 —— 失學又失業。起初，我以為休養一段日子後，皮膚問題會慢慢改善，然後才去找工作。誰知道，所謂的休養，足有兩年多，期間甚少外出，天天都躲在家，除了「雙失青年」這個身分，差點又成為「隱蔽青年」。

千萬不要以為將自己關在一角，是一件享受的事情。這兩年間，我每天過着漫無目的的日子，心裏不停自責，為什麼我會變成這樣，還説要做什麼好榜樣！我愈怪責自己，眼淚愈發流下來，那一刻我明白孤立無助是怎麼一回事。

媽媽和弟弟提醒我，這樣不能解決問題。出於關懷，朋友紛紛來問候，認為我外出看看，或者會有改變。雖然我明白他們出於好意，可是我沒有接受，繼續做回「自己」。

有一天，外面下着雨，天陰陰，白濛濛。我呆坐窗邊眺望街景，忽然覺得自己的景況就像外面天氣一樣 —— 看不到遠景。正正想得入神，身旁的電話突然響起，我隨意拿起接聽，沒想到打來的是中學時的補習導師。他是信徒，不收分毫義務幫我補習。他從朋友口中得知我的現況，於是來電問候，想了解我發生什麼事。那時的我有點意外，想不到他還記得我，更會關心我。談了一會兒，他建議我參加一個課程，費用全免，而且有津貼，可以上學，更可以工作。他還說：「今日是最後一日報名，現在還有機會面試，可以試試看。」

聽了以後，不知為何我想也不想，衝出客廳跟媽媽交代幾句，她也贊成我去試，總比困在家裏好。有了她的支持，我決定去試試。我換好衣服想衝出門口時，媽媽給我一把雨傘。那一刻，我深深感受到她的支持，這把雨傘就像她用手為我遮風擋雨。踏出門口的第一步，不知為什麼心情好像放鬆一點。我只有地址及聯絡電話，也不知道怎樣去，於是致電給該中心的聯絡人，幸好每次致電都有人接聽，在指引下總算到了目的地。由於快要截止報名，我都不禁有點緊張，這種感覺很久未試過。當到達目的地時，我真的鬆了一口氣。

到達不久就要面試，我很緊張，在未有完全了解該課程的情況下面試，容易被人反問，但當時的我惟有硬着頭皮去試，想着既然願意踏出一大步，還有什麼害怕呢！面試開始，我首先介紹自己，他們問我一些關於課程的資料，我只能就所知的簡單地回應，最後她們問了我一道問題：「你想在這課程中得到什麼？」我答：「改變自己。」

面試完了，她們低聲討論，是在考慮收不收我吧？在等待的時候，回想這兩年所做的事，不禁覺得自己太浪費時間，感到很內疚，亦很對不起家人和朋友。正當我後悔過往，我的人生就在這刻開始改變，她們決定取錄我。吁！鬆了一大口氣，太好了，很久都沒試過這樣輕鬆開朗，外面天氣也忽然變得晴朗。

踏出充滿疑問的一步

起初我對於「師徒創路學堂」這課程存有不少疑問，師傅和徒弟怎樣創出一條道路？既然有不同的人在背後支持和幫助，我行的路又會否變得更清晰呢？我會有怎樣的改變？回心一想，也許是我太多顧慮，因害怕想逃避，但既然都走到這一步了，為何不給自己一個機會？

其實，再多的疑問和焦慮都是無謂的，課程完了，只要看我的改變，問題不都是有答案嗎？即使到了現在，我仍然投入這個團體，這個家庭，很記得在 MA 所遇過的人和事，還有所走的路。

「大家好，我叫『華哥』。」這是在自我介紹的時候說的，眼前都是比我年輕的人，我感覺自己就像大哥哥，但他們居然取笑我。我從未試過這樣勇敢地介紹自己，而我也知道他們不是在取笑我。由被人戲稱為「華哥」，到最後變成尊敬稱呼的「華哥」，難道「師徒創路學堂」真的是一道魔術門？

先學做人

在 MA 這一年，令我明白很多道理。MA 專為零分小子而設，但成績差劣並不代表他們有問題，或是不夠聰明。記得有一次，一位同學突然問我：「你會考拿多少分？」那刻我想逃避他的問題，或者撒謊算了，不想他知道我拿了這樣的分數，但我又明白來到這裏，就要真誠和嘗試分享自己的故事。我回答後，他雙目竟然露出羡慕但奇異的眼神。正如我所料，他問我為什麼會參加這個課程。我向他解釋，高分不代表做什麼事都無問題，讀書成績優異亦不代表做人「叻」。

這一年與不少零分小子接觸，明白分數高低不能標籤一個人的能力，我相信每個人都有他的過人之處。只是現今世界實在誘惑太多，很多年輕人把持不住而沉溺當中，以致影響個人成長。

以前的我，以為讀書好就有前途，原來只是對了一半。我花了很多時間在學業方面，但都是單打獨鬥，很少與其他人相處。還記得在工作實習階段，有一次師傅、導師和我進行中期實習表現檢討。評估完畢，導師問我還有沒有其他問題，我説沒有，以為可以離去，誰知導師對我説：「你知不知道，整個檢討過程中，你很多時沒有盯着人説話，要不望桌椅，要不望很遠的地方，一點都不尊重人！」那時，我只是笑嘻嘻回應。我也不知為什麼每次和人對話，臉上都會紅得像蕃茄，口齒不清，最後連自己説什麼都不知道。我心底曉得自己很怕面對人，更何況是一班人；對人説話，説真的，我沒有自信又害怕，卻因此被人誤會為沒有禮貌。

我很認同 MA 的理念：「先學做人，再學做工」。「做工」的道理，萬變不離其宗，有些工更有既定程序，不需要常常動腦筋；相反，「做人」卻是一門高深學問，沒有人可以説你的性格最適合做什麼，也沒有人可以控制你所做的事，因為你就是你。讀書聰明又怎樣，如果目中無人、自以為是、對人態度不佳，就很難與人相處，更難於社會立足。就算我在社會上工作了好一段時間，對我這個社會初哥而言，除了做好自己的本分，亦要在待人接物上懂得應變，這樣才能汲取做人的經驗；至於做工，則是把工作上的事情都處理妥當，有時亦要幫助同事完成工作。工作的同事就是一個團隊，團隊需要每個人的努力、投入和合作，這樣才能發揮團體精神。

起飛

MA 時期，我有機會在大公司實習，畢業後更獲得聘任，成為公司會計部文員。這份工作可算是人生中第一份正職，我很認真地去學習，遇上不明白的事會發問，也會嘗試思考。

還記得畢業時訂下的目標，就是一邊工作，一邊進修。由於我的工作與商業會計有關，我用了一年多的時間，完成了商業會計文憑。回想起上學的日子真的很辛苦，工作令人疲累，還要一星期上學四晚，但我仍然要堅持，有時連晚飯都來不及吃就要出發。到了學期中，公司得知我放工後要進修，同事便關心地問是否需要提早放工，讓我有時間去填填肚子，輕輕鬆鬆地上學。我真的很多謝同事及經理的關心和支持。那段時間上學真的很開心，完全投入學習，成績亦很好，連自己也意想不到。

同行有你

工作了一年多後，公司得知我有新學歷，決定讓我升職加薪。我在工作上得到很大的滿足感，可惜這種情況維持短暫。工作踏入第三年，即使我仍能應付日常工作，但我失去了起初的幹勁。自從完成了文憑的課程，我可以繼續升學，但因學費的問題，我沒有再進修，那刻我感覺自己失去方向，目標模糊。幸好以前的工作實習師傅不時關心我，了解我的工作情況。每當我迷失方向，便去詢問他們的意見，他們都給了我不少意見。那刻我很高興，未來的路向又變得明確了。

今時今日，我無論在學歷、職位和人工都有大大的提升，在多位師傅的推薦和鼓勵下，我報讀了一個名為「屋宇裝備監工文憑」的課程，費用全免，學院、商界都有津貼，只要我省吃儉用，仍然可以幫補家計。這兩年因為進修，我不但沒有給家用，還要長途跋涉到學院上學。家境不好，對於不能給予家用，一直使我很內疚。好幾個晚上回家望着天空，真的很想哭，為何我總是一事無成，家裏仍是那麼貧窮，想買好的，吃好的都休想。我不想家人知道我的憂慮，一直沒有跟家人分享，但我在 MA 學到別「收埋」自己，所以我將這些想法和感受跟多位師傅分享。得到家人的支持和鼓勵，還有師傅和朋友的關心，這兩年很快捱過去。

走更遠的路

在課程的最後一年，我重新開始上班。得到公司的支持，還可以繼續進修，但已不用每星期數晚上課，而是每星期一天全日上課，不太勞碌，輕輕鬆鬆地學習，成績有很大進步，很多同學會來請教我功課。

沒想到時間過得這麼快，一年內我就可以完成課程。我覺得自己很幸福，每次迷茫的時候，身邊都會出現守護者，指引我怎樣走，但我知道，不能每次都依靠他們，否則變得依賴。環看現今社會，相信也有不少人像從前的我，迷失過、跌過、窘過，繼而停滯不前。但我很感恩社會上仍有一些關心迷失青年的團體或機構，一邊支援，一邊同行，令他們重拾自我，繼續在人生路上前行。

我想對青年人說：「延遲滿足」[1]，不要被眼前的舒適或即時享受的事物誘惑，要學懂自制，別浪費時間在無謂和無得着的東西上。每一刻、每一個階段，都有些重要的事情等着你去決定，我曾經後悔，也汲取了教訓——「時間真的很寶貴」。年輕人，Take Action！

註 1：延遲滿足，MA 內的口號之一，鼓勵青年人多思考，勿單追求眼前或一時慾望。

解說：先學做人

李潔卿
師徒創路學堂總導師

《野種子》

如信封消失了地址　昨日我沒名字
自信心遠離時　誰愛這一顆野種子
誰送出養分不休止　灌溉着陌生名字
令每一句台詞　像再生之中開始

盛放牡丹可茁壯　誰滴過一串淚汗
讓我多麼芬芳　我真的不敢當
倦了牡丹可再放　比得起寰宇風光
定要衷心感激　靜悄支撐我葉幹

從某天起撕去面紗　我再活在驕陽下
令我不再懷疑　是我基因有偏差
如放出最耀眼煙花　我畏懼什麼閑話
直至可以完成完美的心中一幅畫

失去春天的種子

打從 2005 年起《野種子》這首歌成為導師向 MA 學員分享的重點歌曲，學員對這首歌情有獨鍾，產生莫名的共鳴感，有些甚至感觸落淚。

大部分學員回顧過去的成長，都像一粒被置在路旁的野種子，未經過適當的栽種和照料，而被外界否定和忽略，最後連自己也否定甚至放棄自己，彷彿停留在沒有春天的冬眠狀態，甚至判定自己已經死去，再沒有能力和動力開花結果。誰知上天早已賦予每一顆種子獨特的生命力，還有使命和實踐的能量。

先學做人的進程

話劇界裏有兩個述語 "outside in"（外而內）和 "inside out"（內而外），前者意思指由外界變化帶動演員內心感受，然後把戲演出來，後者則是按演員的內在變化演戲。青年人成長，容易以「外而內」的角度來衡量對人對事的看法，例如照顧者或家人的期望，社會普遍的主流價值觀等，會內化成青年人的世界觀，甚至作為衡量自己價值的準則。失學失業的青年更容易因此而生活得不開心、壓抑、被動，最後便以種種反叛言語或行為來宣洩內心不滿。

在 MA 的課程裏，青年人藉着整理過去的成長歷程，慢慢學習接納自己不愉快的過去，亦從自我接納中學習放手——不執著，不再單注目過去的創傷；心靈才能騰出空間揭開封閉真我的面紗，讓真我在驕陽照耀下現出美麗的彩虹和夢想。

箭豬、乖豬和懵豬

景欣、貴華（我們習慣稱呼他「華哥」）、雁盈（大家都喜歡叫她「小鳥」）分別在 2006、2007 及 2012 年參加 MA。參加初期，我會以箭豬、乖豬和懵豬來形容他們。

箭豬小姐景欣是歷屆 MA 中其中一位叫我最刻骨銘心的學員，正如她自己所説，外表健談卻拒絕讓人「埋身」接觸，與其説她反應敏捷，倒不如説是反應過敏。許多時候導師對她或其他學員作出某些回應或提點時，她會急不及待地插嘴道：「咁即係……啦？……得啦！……無偈傾！……唔駛講啦！……」招生時由我和她面談，認識了她的背景，還記得在小小房間裏我倆侃侃而談，本以為多一點的了解有助我們日後建立關係。可是，情況剛剛相反，因為我知道她的過去，反而令她反應更為敏感，對我築起厚厚的圍牆，以攻為守，試圖保護自己。

她說到的「利是事件」，記得我原本想藉着這個中國人的習俗「自然」地給她一點實質的支持，她竟「好人當賊扮」，當時我的確氣得差點把利是封撕成碎片。

相比景欣，華哥就純良得多，所以是「乖豬」。由認識華哥的第一天起，他都是瞇着眼笑咪咪的，令人感到舒服亦容易親近。害羞又缺乏自信的他說話不多，在羣體中總是身體力行，帶動大家回應，故此很快大家都認同了「華哥」的稱呼和角色。無論導師抑或同伴，對他稱讚抑或提點，他除了否認就不太懂得如何回應，幾秒間臉色會由白轉紅然後低頭不語。

面對第一屆新高中文憑試的小鳥，嘴邊不是經常吱吱哼歌，而是不停地說着：「什麼？唔明啊？唔知道？即係點？唔記得！唔識講！唔識做！……」每天活動開始和完結前的集隊時間，目的是幫助青年人整頓和預備心情參與活動，或沉澱和整理當天的學習內容。集隊時學員要在指定時間裏挺起胸膛列隊，目光專注向前望；可是每一次小鳥不是左搖右擺，就是東張西望，無論給她直接或間接的提醒和忠告，她都眼神迷離，就如「懵豬」一樣呆望導師，一副「未出戰先投降」的反應和態度。

成長的阻力

家庭對青年人建立「自我」極具影響力，家庭成員的溝通方法和處事手法成了孩子日後和別人溝通、認識和理解世界的指南。景欣在這一塊荊棘地和缺乏資源的環境中成長，對事物和未來都比較消極和絕望，對別人甚至自己都失去信任，最後只築起厚厚圍牆作自我保護。

同樣華哥自小與家人分離，寄居親戚家中，來港後的新移民身分也給他一種寄人籬下的感覺。在缺乏安穩生活環境下成長，令他容易生出不安、焦慮和恐懼，大大降低了與人溝通、探索外界甚至計劃未來的信心和動力。

種子基因重組

「先學做人」就是一種「內而外」的生命工程，讓青年人回歸心靈，透過認識自己的興趣、性格、能力和成長歷程，從而了解真正的自己，明白自身的生命本來就具備最寶貴的價值；然後從這角度看自己、別人和事物，進而能夠自我接納，並達至自我區別（Self Differentiation），看到個人獨特性的生命狀態。

以小鳥為例，雖然她沒有提及有什麼阻礙糾纏着她，以致原地踏步，但她在 MA 的歷程發掘到個人潛能：一次，她為集隊前的分享預備了一篇講辭，這次讓導師認識小鳥的另一面，大家亦發現她流暢的文筆。她在逆境營為組員做了使人回味的晚餐，又在漆黑的夜裏走過十多小時的高低山路，這些經歷都讓小鳥修補自我價值，建立起一份對自己和外界的信心。

MA 結業後，青年人都為各自的人生創路：以往害怕面對挑戰的小鳥，在 DSE 放榜後能夠瀟灑又勇敢地面對不佳的成績，還樂觀地用了具創意的方式宣布結果，吃得起這「屎」的她，以進修作為重新起步的方向，這正是她跨越過往逆境後經驗得來的本錢。

小鳥是創路旅程的「新手」，剛起步的她仍需要多點摸索，起初或會一次又一次跌倒，但成功就從這歷程中累積起來。

即使走了一段日子的師兄師姐們，就像景欣和華哥，甚至一般成年人的創路故事，絕非一帆風順，天色不會常藍，花香也不常漫；可是我們可以靠着隨年日煉出來的經驗，還有同行羣體的承托來跨越。

執筆之時，華哥仍堅毅地半工讀邁向夢想，景欣也停留在畢業前的「黑暗期」。幾位青年人願意逆風上路，本着關關難過關闖過的勇毅、能力和決心，向夢想進發，相信「真豬」終能蛻變成「珍珠」！

給種子借一把力

我試過栽種芫茜。起初偶然在雜物堆中發現幾顆種子，硬殼把它包得緊緊的，於是隨手掉在泥裏，幾星期後……沒有任何動靜和生命迹象，以為種子已經死了。後來朋友告訴我，種子在撒種前要切開硬殼，然後才能發芽生長。當我照着做，幾星期後泥裏竟冒出幼苗，再過幾星期，田裏充滿陣陣芫茜的香氣。更有趣的是，大半年後田裏長出一兩棵芫茜來。原來種子這樣奇妙，我有一份滿足的成功感，也感歎天父的創造，好像要藉此告訴我們，生命有其獨特的軌迹和力量。只是有時候我們需要扶他一把，種子蘊藏的生命力才會被熱暖的手和合宜的環境激發出來，經過鼓勵的滋潤，種子可以突破局限，破開保護的外殼，穿越混濁的泥濘長出幼苗，向着陽光努力成長，開出專屬自己的花朵和果實。

三位青年人的創路故事告訴我們同行者的重要，青年人「先學做人」，也需要同行者無條件的接納，信任，不放棄，讓他們在愛裏肯定自我，生出相信自己的能力。在同行者高而合理的期望裏，青年人也對自己及未來產生盼望，你願意助他們一臂之力嗎？

2

再學做工

再學做工也是青年人一次修復、提升、實踐的歷程。修復——青年人對自己產生一種創路效能感，相信自己可以完成目標；提升和實踐——青年人要尋索個人的內在意義，藉這意義指引他們創路的方向，然後踏上實現理想的路。

美好的嘗試，美好的開始

Ansir

（左）Ansir Mahmood，MA2 學員，現職人事顧問，
右邊為導師 Esther。

迷惘的起步

回想由會考至公布成績那段時間，我感到巨大的壓力，非常難捱。結果，我考得五科及格，但這成績不足以讓我於原校升讀中六。要繼續讀書，還是找工作，我拿不定主意。家中從來沒有人取得這等學歷，他們無法給我任何意見。我不知如何是好，似乎誰也不能指引我的方向，我迷惘得很。

我曾經考慮過幾個方向，最後，我在一位突破的資深員工鼓勵下，報讀 MA。我相信課程能夠幫我更了解和認識自己，發掘我的職業志向，甚至有助我認清未來的方向。對我來説，MA 課程是嶄新的體驗，因為同學主要是香港人，授課語言也用廣東話。

起初，我非常害羞，覺得同學，以至導師，都把焦點放在我和幾個巴基斯坦籍同學身上；不過我漸漸發現，原來他們都是非常友善和樂於助人的。當中有幾位英語水平不錯，為我們翻譯上課的指示。雖然我得到導師和同學的支持，但這與我以往接觸的文化，實在迥然不同，我仍然感到不太自在，大多時間依然害羞。

退學？

不久，一位巴基斯坦籍同學為着某些原因決定退學。他退學的決定的確讓我感到緊張，也令我萌生退學的衝動。但最終我選擇了堅持。其中一個原因是，突破同工和同學們的愛心。他們非常友善，他們的愛和積極的態度，使我留在學堂中。隨時間過去，我漸漸適應下來。我開始聽得懂廣東話，這對我的適應大有幫助。同時，我發現自己不是惟一中學畢業後經歷難關的人，很多同學都曾經歷過同樣的困難。

修讀 MA 課程的時候，我們約有三分一時間，回到中學裏學習數學、電腦以及英文等科目。課程中，我們會參與短期的實習計劃，接觸實際的工作環境，這對我非常實用。同時我們每天都要進行不同的活動，這些活動幫助我們探索和了解自己。活動完成後，我們會向組員分享自己的得着，也會聆聽組員的感受，我們從中學習成長並尋找自己的路向。由此我更認識自己和未來的目標，也讓我更體會別人的感受。我説廣東話也流利了，與人溝通時，不禁信心大增；同時我學習到更多中國文化，開始了解香港人的思考模式。

修讀 MA 課程，讓我有時間停下來，休息一下，想一想前路該怎麼走。我開始認清前路，決定繼續進修。

適應，不斷地適應

完成 MA 課程後，我加入實習時的公司工作，是在溜冰場上班的；同時修讀一個商業課程的高級文憑。上課時間大多在早上，下課後再去上班，賺錢讀書。在溜冰場的工作，是一個很好的體驗，我從資深同事身上學習了不少功課。我也認清工作環境跟校園畢竟是不同的，工作時，我們要表現成熟。

後來我轉到律師行當支援員工。新公司的文化，跟舊公司截然不同。公司的氣氛，比上一間更正式更嚴謹，我花了一段時間適應，實在不容易。同事大多是香港人，都跟我説廣東話，但有時我根本不太明白；慶幸在修讀 MA 課程時，我對廣東話已有一定掌握。

完成高級文憑課程後，我報讀了學位課程。日間工作，晚上進修。學校裏，同學大多是香港人，而老師為了讓學生更清楚課堂內容，有時亦以廣東話授課，與我從前在學校的生活相差不遠。

不過在學校，我是惟一一個非華人學生，我再次覺得自己是陌生人。別人看我的目光，讓我感到不太舒服。起初，我非常緊張，但我一直專心努力讀書，希望獲得學位。然而我始終擔心前路，完成學業後能否找到一份適合的工作？

勇於接受挑戰

我獲得學位後，生活沒有因此變得輕鬆，反而要面對更多掙扎。真實的生活開始了，我又要尋找新工作，希望應用我的新技能和學歷。我不斷寄出申請信，然而，幾個月過後，都沒有獲得面試機會。我發現，少數族裔人士求職，比土生土長的香港人困難得多。大多數的工作，都由本地人出任，連工作氣氛也瀰漫着本土氣息。很多時候，他們都會擔心與非香港人合作，所以不少公司都傾向聘請本地人。而且，我不懂書寫中文，也沒有商界工作經驗，找工作更加不容易。

我仍不斷寄出求職信，幾個月後，終於接到獵頭公司的電話，他們有客戶約我面試。最後，我沒有得到那份工作，反而獵頭公司聘請了我，任管理見習生。

雖然薪金很低，但我還是決定接受這份工作。工作性質以銷售為主，我從來沒有見識過；與以往的經驗相比，這是全新的工作。起初，也不容易適應，但我決定在這裏留一段時間，嘗試學習工作的技巧，一如以往，我漸漸適應起來，溝通的技巧亦有進步。不過，工作上有不少起跌，有時也讓我感到沮喪。

在香港的公司工作，最主要的問題是文化差異。我總感到很難適應，但久而久之，都與同事互相適應下來。我發現香港人，大多都很友善和合作，也喜歡跟非香港人談話，甚至嘗試了解我們。只是有些時候，大家還是無法順暢地溝通。

一年半後，我獲得一間外資的獵頭公司聘請。那裏的文化又是不同的，很國際化。同事來自不同的國家，他們對工作的要求很高，在那裏學習，一點都不容易，慶幸我漸漸適應了，現在已經晉升為高級顧問。過去幾年，我的工作很成功，而且升上更好的職位。我希望繼續進步，貢獻社會與人類。

少數族裔的崎嶇路

年輕少數族裔在香港生活一點也不容易。他們接受高等教育和工作的機會都較一般人少。在中學的公開考試後，他們都要經歷一段艱難的日子，為着前路迷惘，不知要從事什麼工作。

我希望這些年輕人不要放棄，相反更要努力堅持。他們應該為着爭取更好的未來而努力工作，不要為了得到即時的經濟回報，而放棄追求更高學歷的機會。

我也努力去認識香港的本土和社區文化，香港人的思考方式等。生活是艱難的，但我們必須繼續學習，這樣才能保持競爭力。

回顧過去，我的人生經過很長的掙扎，也遇過很多困難的時刻。我希望困難階段已經離我而去，往後可以輕鬆一點。我認為現時的我已經準備好，面對生活的大小挑戰。我一直都努力工作，也對自己真誠。人必須保持積極的態度，更要從正面的角度思考，我相信只要持續努力工作，定能不斷進步。

中文翻譯：史曉晴

堅持，盼望

許子聰

MA4 學員，現正在國立清華大學修讀中國語文三年級。

這次為 MA 第三本書撰寫自己的故事，距離《創路達人の從零開始》，相隔大概六年，將這段時間發生過的種種大小事整理一番，令我感動非常。

我十分重視身邊的朋友，當年介紹我參加第四屆 MA 的楊智釗（阿釗，第三屆 MA 畢業學員），已是兩位小孩子的父親，雖然每天也為生活忙碌，但從社交網站上看到他們的家庭生活照，他享受着新生命帶給他和太太的幸福，每次細看令我尤其觸動。我身邊另一位同行者顧建恒（建恒，第三屆 MA 畢業學員），已在警隊經過數年的磨練。他是我十分佩服的知己，不單是他在工作上的成就，而是這幾年，每次他跟我分享生活和工作裏的點滴時，總令我認識到社會上種種不公義。人在窘境或是面對人性試探時，他作出正確的選擇，以致成就了今天的他。

記得在台灣開課後兩個月，傳來智釗結婚的消息。就算身在世界何地，也得及時回港與他分享這份喜悅。他從未預料我會回港參觀註冊儀式，在我倆碰面的時候，他簡直極度興奮。我也要感謝我們的「Joan 媽」，讓我能夠參與其中，整整齊齊地拍張全家福。

每個人的故事都靠着與別人的互動譜寫出來，情節曲折，感情深刻豐富，我自己的故事也不例外。

認真的一次

沒想到再次執筆，我已在台灣生活了四年。今次回想的故事主要圍繞着我與這兩位好友共同走過的日子。MA 畢業後，朋友們各自追尋夢想，我也追尋着一個這輩子不能實現的夢想。

從學堂走出來那刻正如中五時畢業的心情一樣，雖然經過一年時間重新認識自己，建立了自信，又有一羣同行者和導師的支持，心裏仍不免感到惆悵。畢竟在 MA 有導師引導，有朋友在一起，踏出學堂最迫在眉睫的，就是如何實現已訂立的目標。在畢業前夕我已經訂下第一個小目標。由於中學時無心向學，學歷不足，在香港較吃虧。無論多討厭唸書，我仍然別無他選，於是相約建恆出來商量我的計劃。我不但得到朋輩的支持，最感意外的是大家心中原來都有同一目標 —— 投考警察。

經過反復思考和沉澱，我備妥入學事宜，入讀毅進課程。我主動走近目標，這份「主動性」是我以前不曾做到的，一切都源於對自己的一份責任感，對未來有願景，有盼望，不知不覺自我要求開始漸漸提高了。重過校園生活，感激建恆一直陪伴着，一起奮鬥。我們的友情不斷增長，這些意外收穫比學歷更珍貴。

取得毅進證書後，正式邁向第二步 —— 投考警察。為求一次成功，我每天操練體能，熟讀所有投考過程和資料，歷時三個多月。在最後面試中，首次同時接觸三位高級警員。當日有八位考生，一個個面試完，臉上都掛着憂心的表情，四個沒有打手指紋（不被取錄）。不經不覺，我已經等待了快三個小時，指頭焦急地不斷敲打桌子。那一刻壓力甚大，情緒被失敗的考生牽動，不斷猜想考場是一個什麼鬼地方，考官必定是要求極高的。踏入第四個半小時，所有考生都離開了，有職員跟我説：「許子聰，到你啦。」

擦身而過

推開重甸甸的大門，我筆直的坐在考場中心惟一的椅子，兩位高級督察及警署署長打量了我一番，一連串的問題展開了，我自問總算對答妥當。其中最嚴肅的警署警長唐突的問了一道從未在任何舊考題上出現過的問題：「許子聰，你可唔可以講下你嘅過去，你讀書唔好，就算拎咗毅進證書都唔代表你有誠意加入警隊。」他語氣強硬，但我心裏暗爽，他再補充道：「你好似有點緊張！」如果當日的考官有機會看到我這篇文章，我想澄清，當日我面對這道問題一點都不緊張，因為問題實在太「MA」了。在 MA 日子裏，經過一年心靈上的學習，面對這種題目，怎會緊張？我意識到這正是我發揮的機會。

結果我用幾分鐘撮要這一年多由會考零分到加入 MA，到準備投考警隊的歷程，想不到可以在正式的面試場合分享自己的過去，差一點就忘記自己正在重要關頭。只見三位警官連連點頭，嚴肅考官輕輕的交代一聲：「你出去打指紋先好走。」

步出考場後，考生們都離開了，我按捺不住。在黃竹坑學校裏熱淚盈眶，一顆心撲通狂跳，雖然已接近傍晚，但是眼前的一切像早晨般充滿着活力，這份感覺將會保存在心裏一輩子。我急不及待給好友和導師分享這個消息。跟我一起投考的建恒也被取錄，這位知己一直陪我走過那段日子，十分感謝當時他願意放棄穩定的工作，有勇氣再次走進不確定的環境中，伴我一起瘋狂，一起去追夢。在 MA 課程裏，我們是「生於「Joan 組」的，雖然畢業了，但「Joan 媽」在整段追夢過程裏仍然牽着我的手，給我支持和鼓勵。感謝你，我最敬重的導師。

褪色的現實

準備進入學堂前要先做身體檢查。那天家人陪我到醫務所，什麼大問題都沒有，卻在其中一環出了狀況。我被告知眼睛患有色弱（色盲世界中只有黑白，色弱是指辨色能力不足）。按警隊的規定，有哮喘、心臟病等各種潛伏性疾病的考生只要證明健康良好，仍有被錄用的機會。但在我身上的疾病，從悲觀的角度詮釋，它絕對是絕症，結果我不被錄用了。很多人都會問我，色弱跟色盲有什麼差別？對當時的我來說根本一樣。知道自己是「零機會」時，眼前看到的全是黑白灰暗。那段日子短短數個月心情起伏極之巨大。畢竟花了這麼多的力氣走到最後一步，原來夢想仍是敵不過現實。我用了很多時間安慰自己，也要安慰身邊關心我的人，說服大家相信這是小問題。

我再次從黑白世界中振作起來，決定到台灣繼續升學。通常這個時候又碰到一堆問題：為什麼要選擇台灣？畢業後的學歷香港認可嗎？這些我都不想再回答了，因為經過那件事後，我相信無論設想如何周全，在我身上都不一定適切，只因人生變數太多。但是我仍堅信，自己正在做對將來有幫助的事。

改變航道

在僑大先修班修讀時（每位初到台的外籍生都必須完成的一年課程），我得到來自香港 MAP 的支持，更在班上認識了一羣共同為進入優秀大學日以繼夜奮鬥的「痳吉們」。那一年班務及學習環境帶給我很大的動力，每天朝七晚十一的規律生活使生活非常充實。我擔任班中的要務負責點名，因此絕不能遲到，每天要比同學早半小時進入教室。在學習方面，當時同學對我說得最多的是：「你讀到咁，駛唔駛啊 ?! 返到房日日 K 書，好變態！」由於僑大班在短短八個月就有五個重要考試，課業十分繁重。

在一個平常的晚上，桌上堆滿了書籍，大家都在為第三次考試「K書」中，我凝視着密密麻麻的文字，流出了第一滴淚，以為自己眼睛過度疲勞嗎？不是，長時間睡眠不足，身心疲憊，真的需要一點空間，暫停所有工作，排解一下心中的鬱悶，只想趕快結束這一切。

2010年6月中旬，一切成績排名已經塵埃落定，可以迎接甘苦過後甜美收成的一刻。我如願分發到第一志願的大學，總算對所有朋友、家人有所交代。回想起自己那年的衝勁真的有點驚訝。

如願以償

再次轉換了環境及人事，真真正正成為大學生了。大學生活頭一年，正式與台灣人接觸。台灣人的確是一個很齊心的族羣，只要一場棒球賽就可以感受到團結精神。不過作為台灣社會的「少數族裔」，一切都陌生得有點可怕，簡單的語言溝通不太難，但要再深入一點的，或要搞通道地的國語措詞真有點難度。台灣人常常說：「他很俗辣！」（佢好「淆底」）身旁同學捧腹大笑時，我只有裝笑。他們又會以奇怪的符號（台灣注音）去表達。這些小事情卻無形中成為香港人與台灣人溝通的障礙。我明白要進入陌生的生活環境只能夠努力學習，我像一個小孩子，偷偷向感情較好的室友請教。

今年已經第四年，不敢説自己像個道地的台灣人，幸虧自己的臉皮夠厚，幸運地結交了一些喜愛與我分享夢想的朋友，彼此交流；再次提醒我，夢想支撐着整個人的步調，動機強烈，離夢想就不遠了，這總算是枯燥課業中的一點心靈滋潤。

還有一年多就畢業了，即是説要向自己未來的計劃交代。我打算先留在台灣工作，儲起一些工作經驗後，才回來香港。雖然人不在港，但身心仍與香港有一種切不開剪不斷的情意結。這個城市雖然冷漠，但她讓我從不同的人身上尋到溫暖，相信有些人在等我回去，彌補這幾年空掉了的回憶，一起攜手把未來填得滿滿的。

亂中尋序

楊智釗

MA3 學員，現職環保公司場地工作人員。

在 MA 的時候，經常聽到的一句話：「不論你在山上決定了什麼，下山[1]後，才是真正的挑戰。」因着 MA 導師的愛，我有改變的決心，由一個被視為隱蔽青年的「垃圾」，變成勇於尋夢的人。在 MA 的第一本書裏，我交代過一些故事[2]，過了幾年，我想說下山後的故事 —— 真正的挑戰。

《創路達人の從零開始》提到青年人實踐生涯規劃，會經歷不斷的循環，每個創路階段都有不同的學習，但最後一定會回到原點，重新修復和整理，然後繼續前進。第一次整理生命是在 MA 的日子，第二次整理是在下山後的日子，現在的我正處於第三次的整理階段。

我要儲一筆學費支持我向夢想進發，又想吸收社會經驗，導師 Joan 提議我向實習時的酒店式公寓自薦應徵。撥過電話給工作師傅後，心中忐忑不安。會考失敗已經浪費了許多時間，不能再輸了。幸好那時的實習表現，他們尚算滿意，結業之後便正式上班，胸前的名牌由實習時的 Trainee 轉做 Max Yeung，助理客戶服務主任。拿着 MA 頒發的最佳表現獎，給我帶來自信，伴隨着獲實習公司聘用的喜訊，我開始在社會闖蕩。

那時候我工作非常用心，職務漸漸上手，崗位上總算能獨當一面，安全渡過試用期，第一次體驗加薪的喜悅；然而，隨着時間流逝，望着既近且遠的夢想，心裏開始焦急起來。當時沒有停下反思，不經意間傷害很多人的心，在情況發展得更糟之前，我離開了讓我安全快樂成長的地方。

回到起點？

後來我在一所輔導中心任職行政及活動助理，中心的理念是幫助別人前，先好好處理自己，上班前一晚我稍稍整頓思緒，期望重新開始。

首天上班，感覺如衣衫襤褸的乞丐被拒於高級西餐廳門外。自以為處理客戶服務經驗充足，來到這裏，才知道自己不過是井底之蛙。同事工作態度誠懇認真，細微之處一絲不苟，我佩服得五體投地。相比之下，在成長階段一直以小混混方式生活的我，欠成熟得體。

每次求助電話響起時我便會心驚膽顫，聽筒如千斤重，對話內容不能馬虎，要仔細聆聽，用心回應。雖然每位同事都凡事包容，耐心指導，讓我在最少的壓力下學習，但自信不足的我漸漸失去動力，過分緊張又過度自責。那陣子思想負面，推翻之前在 MA、當客戶服務主任的成功經驗，整天怨恨着自己的無能。

每天死心眼地在失敗中打轉，雖説給自己時間放鬆，卻變成沉醉於放縱的生活。最後我辭了職，沒有再回 MAP、突破，沒有勇氣面對自己。

生命中不能承受的……

二十一歲那年，有一天我接過電話後一骨碌翻下牀，草草梳洗過便到茶餐廳去。當時的女朋友跟我説懷了身孕。我還未整理好自己的生命，想不到這時我生命中出現另一個生命。起初我們決定到家計會打掉胎兒，輾轉之下安排到私家醫院。檢查後的晚上，女友説想把孩子留下來，但我們根本沒有能力讓孩子在最好的環境成長。我跟她爭辯起來，然而，看到她堅持的眼淚，腦海裏閃出幾個畫面。

記得第一天踏足突破青年村，會考失敗，工作不如意，失去人生方向，進入 MA 之前需要通過面試，當天導師 Jackie 取錄我成為 MA 學員，送了「堅持、珍惜」的格言給我。以前的我，不會堅持，總覺得很多事情可以留待明天才做好，明日復明日，錯失鍛鍊的機會，沒有珍惜擁有的事和物，總覺得世界虧欠着我，變得憤世嫉俗。

逆境營晚會上，導師 Karrie 分享一位突破同工的故事，她的女兒在睡夢中死去，原來生命當中有許多不能掌握的事，要活在當下，當天的金句一直銘記心裏：「沒有目標比沒有達到目標更可怕」、「今天的成功不外是昨天的不可能」，「你不控制困難，困難便控制你」[3]。

重設起跑線

決定離開中心之前，跟 Joan 通了電話，她說無論怎決定，也要知道自己在過程中學習到什麼。同一句說話，在 MA 時她也曾說過。那時的女友跟我分手，我寫了一篇心情札記給 Joan，翌日她說了這句震撼心靈的話。在求學階段，永遠是求分數，有沒有好成績，沒有人看重你的學習過程。Joan 卻讓我明白，從經歷中學習，比結果來得重要。

社會看人的價值是事業有成，擁有物業，才可以考慮結婚和生小孩，但既然事情發生了，遇上什麼逆境也好，也得堅持下去，珍惜愛你的人和你愛的人。沒有能力讓孩子在好的環境成長，那便自己創造吧；不懂得當丈夫或爸爸可以學習。用什麼態度面對事情，比事情的結果重要。我相信要活在當下。

決定把孩子留下後，我馬上告訴 Joan。在我失蹤期間，她一定為我的迷惘而焦急心痛。回想過去 Joan 同行的日子，憶起的大部分都是她為我打氣的畫面，拍肩，擊掌，鼓掌，任何時刻都支持我鼓勵我。她聽到這消息後問了我一些準備為人父的瑣碎事，然後輕輕一拳打在我身上。這是說，加油吧，我還是會支持你。年輕結婚生小孩，不被看好的一對，在 MA、MAP 裏，我仍然得到他們的祝福，在新成立的家庭中，我並不孤單。

寶貴的禮物

過往的經歷，讓我明白整理生命的重要，縱使置身變幻萬千的社會，仍能認清自己，認清要走的路。我學習認真面對着過往的失敗，發現這些經歷，原來是生命中的祝福。

曾立志要當編劇，夢想是寫出感動觀眾的劇本，然而編寫劇本時需要專注，撰寫出色的劇情時也要耐心鋪排。當我整理在酒店式公寓工作時的經驗，發現自己容易焦躁，在輔導中心工作明白到耐性才能產生一絲不苟的細節，讓別人感到窩心。要照顧孩子，亦需要無時無刻關注他的需要。

或許上帝知道當時的我有待磨練，才容許更多的考驗幫助我成長，令我感恩的是，在 MA 裏面我學懂如何感恩，明白生命中的不如意事，裏面仍有很多禮物等待我去發掘。負面情緒如散落在禮物上的塵埃，蒙蔽我的眼睛。同行者的支持，讓我再次放開懷抱，接納自己，這也驅使我無懼前進，緊握夢想。我知道，縱然跌倒過許多次，身邊還有不放棄我的人，教我不要放棄。

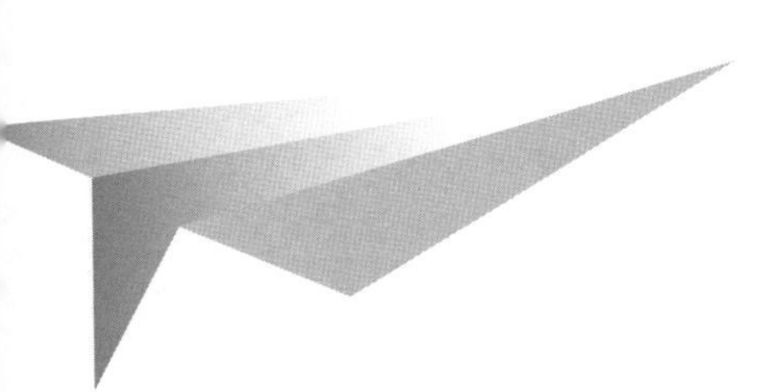

註 1：下山，突破機構位處亞公角山路上，這裏也是 MA 訓練的主要場地，所以會有上山、山上、下山的說法。

註 2：阿釗的生命故事記載於《創路達人の從零開始》第 3 章。

註 3：全為 MA 訓練的口號，青年人將簡單而意思深遠的句子銘記於心，反復思想。

解說：再學做工

黃嘉儀
師徒創路學堂培訓統籌

青年人進入職場，常因為現實與預期的落差太大，無法接受，寧願放棄；又或從此變得退縮，不敢作新的嘗試或突破。每個人都害怕被拒絕、害怕面對失敗。

阿釗突然成為爸爸，是否就註定前途黯淡？阿聰突然獲悉一生也無法加入紀律部隊，是否就註定前無去路？ Ansir 不懂中文卻要留港工作，是否就註定要做地盤？

三位年輕人的故事，正正體現了「修復」、「提升」、「實踐」的不斷循環。在實踐的過程中，彷彿為之前的「修復」及「提升」進行一次考試。考試成功，代表着他們可以跨越過往的自己。然而，當再面對挫敗、逆境時，又會發現生命中一些從未曝光的盲點，他們又再進入「修復」、「提升」、「實踐」的不斷循環當中。每一次的跨越，都將他們的救生墊加厚一點。當生命的歷練一點一點累積起來，成為一層又一層的保護，他們便學曉面對逆境，面對挫敗，在重重難關中突圍而出。

若人生是一場馬拉松，這些處境就是一次又一次的機遇，讓他們在賽道上放緩腳步，重新調整心態，鍛鍊體格，作好準備再起步。能否跑出好成績，超越別人、超越自己，都是未知數。有一點卻是肯定的，就是他們沒有離開過這賽道。每一次面試，每一次獲聘，都有新的學習與體驗；一次又一次累積經驗，更重要是一次又一次加深對自己認識。

面試後沒有回音，或不被取錄是否就等同「失敗」？面試後獲得取錄是否就代表「成功」？在不斷重複的面試對答中，青年人能從中了解自己的限制，看清自己的原則及底線。青年人有時候為求儘快獲得聘用，很多條款都沒有考量清楚，便回應：「係、係、係」、「好、好、好」、「得、得、得」。到正式上任時，方發現有很多「唔係、唔好、唔得」。結果，僱主對他們的期望、或他們對工作的期望，都與現實落差太大，青年人不是請辭就是被勸退了。

很多僱主都已經表明，不一定學歷高成績好的才取錄，聘請員工首要看其態度。有一部分青年人，總認為自己「前途不止於此」，有時甚至認為做某一些工種是浪費了自己，一心只求理想職位。現實是沒有一步登天，也沒有懷才不遇。縱使你有能力，但態度差劣，機會仍然會溜走。你有專業技能，卻沒有基本功，機會臨到你都做不長久。造物主的安排很微妙，有時呆在一份刻板的工作幾年，原來會預備自己進入下一份工作。不要輕看一次面試，不要錯過一次工作機會。每次都真誠地與自己的心對話，觸摸自己的情緒起伏，嘗試辨認心底裏的喜惡。慢慢你會摸索出當走的方向。

正如這三位年輕人，他們懷着夢想前行。當遇到挫敗，發現此路不通時，他們可以選擇忘記夢想。但他們在尋覓出路的時候，發現達到夢想的道路又豈止一條。每條出路，都會帶來不一樣的經驗與閱歷，開拓不曾想像的未來。夢想，會隨着我們的實踐而不斷被修正。而在實踐與修正的過程當中，我們就愈發認識自己。愈認識自己，就會發現愈貼近夢想。因此，在步向夢想的歷程當中，實踐與修正是一個相互影響而又缺一不可的重要元素。若單一地重複實踐而欠缺修正，我們只會不斷重複地「工作」，但可能一年後、兩年後，甚至十年後，你仍然不曉得自己在做什麼。修正，幫助我們認清目標，更明確知道這份工作、這種狀況的意義。

同行者的角色

創路同行不局限於同學，也發生在同學與導師之間。MA課程完結，並不是代表導師與學員的關係終止，也不是計劃的完滿結束；而是一個接一個不再一樣的生命，要在人生旅途上互相扶持，繼續成長。導師與同學於訓練期間長時間深入、密集的同行，產生了既真摯又深厚的信任、了解及體諒。這份真摯很難在工作世界裏面遇上，以致同學於邁步職場之後，每每遇上挫折或低谷，都願意主動與導師分享。他們不一定要尋求一個解決方案，絕大部分只是渴望能尋找心靈的支援；好像一個長跑選手去到水站，可以停一停，喝一杯水。這份關係，不知不覺間成為了他們在人生旅途上的一個緩衝點。

青年人一般都着力於實踐，修正的部分則有賴青年工作者的啟導了。工作者的角色不再是教導，而是在於同行、聆聽、彼此分享。工作者要接受青年人已經長大，有足夠的能力去處理面前的處境及狀況。我們的角色只是一直同行，在他們乏力之時扶一把、在悲傷之時及時送上一張紙巾、在需要讚賞之時給他們一個 Like。這些年間，我們幾位導師偶爾也會與畢業生分享生命的難處，同行的感覺更真實。這份關係變得更加平等，我們是彼此同行。更重要是工作者自身對成功與失敗、對與錯等價值觀，需要有更深入、更貼近人性的剖析。畢竟，同行的是一個有故事的生命，實在不能單以專業理論、社會現況來作為修正的框架。

天涯比鄰

誠然，導師們也同樣為着自己的夢想，勇闖新天地。難得的是，不論我們身在何處，我們裏面仍然帶着在 MA 時的那份堅持及熱血。過去十年，我們都同樣面對困境、無奈、軟弱，但那一份堅持使我們一次又一次跨越恐懼、跨越自己。我們為夢想、為公義、為仁愛、為得回一個人應得的尊嚴、為一個人當盡的本分而堅持。在這十年的人生歷練當中，我們不自覺為生命而流下熱淚。MA 所帶給我們的又豈止是一場訓練和一堆回憶？

創路，不是工作技能、面試技巧的提升；也不是要創業做老闆。創路，是對生命的突破，是全人的成長。因此，創路的實踐是不會停止，只有不斷向上、向內。在生活當中認識自己、在生命當中突破自己。造物主創造我們的時候，已經賦予一個完美計劃。我們要做的就是要找到通往這計劃的入口，也引導青年人能一直朝着這計劃的方向進發。

3

創路羣體

「創路社羣」是指一羣同樣以創路為目標的青年人，凝聚成羣體。在這社羣裏，他們既自主，又學習互相欣賞、肯定，在這平台匯聚，互相支持，一起創路。歷屆的 MA 學員會組成同學會，名為 MAP（Modern Apprenticeship People），當中包含着多層意義：一方面表達大家同是 MA 裏的 People，一份強烈的歸屬感和身分認同。Map 中文解釋是地圖，青年自稱為「地圖人」，表示人必須整理自我的成長軌迹，藉過去的歷史認識現在的我，繼而開展未來的目標及規劃實踐的路線圖。

「愛」是力量

戴婉兒

MA3 學員，現職康復助理。

失去愛

我是師徒創路學堂第三屆的畢業生Dian。小時候，父母離婚了，把我遺下給奶奶撫養。所以稍有記憶的時候，我已感到這世界很冰冷，連至親的父母都遺棄我，這世上何來「愛」？雖然我還有非常疼愛我的奶奶，但我卻不懂珍惜，只會埋怨。

生活在寄居家庭裏的我年紀最小，不論寄居家庭出現什麼問題，都會算到我的頭上，所以我很討厭回家，常常跟朋友在街上玩。我漸漸以欺負別人來發洩心裏的忿怒，填補心裏那缺少的存在感。整個中學階段，我沒心機上課，加上逃學，中五會考還未放榜已經知道完蛋了。但我仍沉溺於「安舒區」，不肯面對，直到我拿着「零」分的成績表時，腦海一片空白。那時候的我很迷惘，卻不懂尋求協助，足足渾渾噩噩地過了一整年。直到有一日，有位姐姐建議我報讀一個課程，平日我大多拒絕，今次不知怎的，想也沒想就答應了，那就是「師徒創路學堂」。

重拾愛

課程開始時，我對一班導師懷着很大的敵意，覺得他們跟中學老師沒兩樣，只是打工，為錢而已，卻裝作很有愛心。我常常做出挑釁他們的行為。奇怪的是，每次犯錯，導師都沒有罵我，而是關心我為什麼犯錯，還要跟我探討犯錯背後的原因。老實説，我心底有一點軟化。

那時，導師常常要我們反思，面對自己內心深處，聽聽自己最真實的聲音。有一次的題目是「給爸爸的信」，初時我以為自己會寫很多恨他的説話，怪責他親手破壞了一段婚姻，又令我從小失去父母的愛。但在獨處時，我不停地回想，突然想起爸爸的錢包裏一直放着我的照片，這一刻我才發現他們離婚不是因為不愛我，而是他們二人間的感情出問題。至於我，我發現自己不是不會愛，而是害怕愛，怕擁有了，最後又要失去，是我一直把愛推開，自那次開始，我嘗試「重拾愛」。

有一次歷奇訓練，印象尤其深刻。我們要爬上三條Z型的巨木柱上，大概是三層樓高吧。從小畏高的我爬上第一層就堅決不再爬，心裏想着同學和導師一定會取笑我、罵我，但我聽到的卻是:「加油！」「你可以的！」「你行的！」的打氣説話，望着他們每一張鼓勵的臉，心中很是感動，便鼓起勇氣再爬上一層。雖然最後我還是沒爬上最高一層，但是能夠挑戰自己的不可能，我認為已經成功了。在我最脆弱、最無助的時候，大家都沒有拋棄我，這就是我的羣體。從這天開始，我把自己的心打開，願意相信我的同伴，接受自己也是可以被愛。

分享愛

原來重拾愛的我不但可以擁有愛，還可以「分享愛」。一次 MA 的社會服務，導師帶我們到一所照顧嚴重智障人士的家舍，為他們舉行聖誕派對。派對尾聲，我們帶孩子到戶外散步，當我抱起其中一位朋友時，我不但沒有半點厭棄，反而生出一份莫名的關愛。我知道這是我的召命，肯定自己懷着要幫助弱勢社羣的目標。畢業後，我在一間展能中心工作，服務對象是中度至嚴重智障人士。那份工作需要很大的耐性，幸好的在 MA 裏學習了堅持，畢竟這是我的工作目標。

除了在工作，我也在 MAP 實踐自己的目標 —— 生命影響生命。我們一直相信若然自己可以改變，其他人也可以，所以我們把自己的經歷改編成話劇，到不同學校、營會、小組中，與年輕人和想尋路創路的師弟妹分享，藉我們的改變鼓勵他們，勇敢擁抱自己的夢想。

延續愛

人有夢想是一件美事，當一個羣體一起去實現夢想，那夢想可以變得真實和遠大。一開始我們主要在香港演出，到 2010 年，我們有機會把話劇帶去四川一間中學。我們與四川的學生有一個共通點，就是我們都曾經歷過「震撼」，繼而心裏出現傷痛。我們的震撼是會考零分，被視為沒有希望的失敗者；而四川的朋友就是經過五一二汶川地震，從而失去了家人、朋友或同學，有些甚至肢體傷殘，一直活在陰霾裏。從個人經驗中，我體會傷痛會使人把真我藏起來。我決定與他們同行，鼓勵他們勇敢地面對傷痛，真正站起來。我這樣説並不表示接受了苦難就能立刻復原，即使現在的我有時回想過去，仍然隱隱作痛，然而我不想再逃避，決定接納過去，我的人生才可以掙脱過去的捆綁，勇敢面對前路。

有一次我們與一羣高二的學生唱歌，歌曲都是他們的師兄師姐創作的，期望他們藉音樂抒發四川地震後的感受和懷念，彼此互勉。當大家圍在一起唱歌的時候，我看見有個人獨自站在遠處，便走過去陪他。唱完以後，大家要寫下當時的感受。我問他寫了什麼，他卻不肯説，我沒有強迫他，反而跟他分享了我的故事。第二天，他突然跑到我前面，把一封信遞給我，説昨天寫得太「簡單」了，然後掉頭走，還大聲的説「我會永遠記得你。」

我把信件拿給工作人員，不消一會，工作人員跑回來跟我説：「傻瓜，這封信是給你的！」我打開信件，他説謝謝我的分享，讓他有勇氣説出自己的故事，那一刻我感動得哭起來，原來同行和陪伴就是這麼簡單的事。

離開四川前一天，我忽然想起有人說，你們這幾天給了他們很多愛，但你們走了，豈不是又帶給他們一次傷害呢？幸好現在科技發達，我們透過互聯網繼續連繫，直到現在我也會在年假去探望他們。

承傳愛

最近的四川之旅，讓我知道我們的努力、堅持是值得的。這次行程的目的是與 2010 年曾接觸的舊生重聚，陪他們重回北川中學，鼓勵正面對高考的師弟妹，有些負責教師弟妹摺紙、做手工，也分享考試經驗；有些用自己編寫的音樂、話劇分享自己的心路歷程。另外，話劇組的畢業生亦分享：他們三年前看了 MAP 同學話劇，覺得很震撼，得到很大的鼓舞，所以他們也想創作一齣話劇來鼓勵師弟妹，也許這就是承傳吧！他們承傳了「羣體建立羣體」的力量，讓正能量、「生命影響生命」的夢想得以繼續流傳，意想不到的是他們更邀請我們一同演出，這是更有意義的川港交流。

經過這幾年，我明白年輕人的需要其實很簡單，就是「同行」和「陪伴」！這些都不需要華麗的鋪排和大量花費，就像我陪伴那小男孩，與他同行，一句短短的問候，以及真心的付出，已可以把正能量傳遞給他們，為他們作好榜樣。我相信這個夢想不會終結，「生命影響生命」的信念會一直傳遞下去。

人生的啦啦隊

顧建輝

（左）MA1 學員，現職「長者鄰舍中心」活動幹事。

會考後我成了雙失青年，便報讀「師徒創路學堂」。原意是為逃避家人的語言轟炸，也為消磨時間，想不到，這個決定影響我一生！

MA 其中一個很重要的理念是「先學做人，再學做工」，沒有良好品格，就沒有正面的態度面對工作。我在 MA 學習了負責任、團隊合作及建立健康的自我形象等，一步一步改變自己的性格缺陷。過程中，我沒有察覺自己的轉變，直到工作實習的時候，才發現自己成長了，整個人煥然一新。例如，遇到挫折時，我的情緒管理比以往成熟，沒有因「感受差」而輕易曠工。

但我相信若然沒有一班同學與同行者的付出，我又怎能有這些突破呢？導師和同學們的鼓勵與支持、一句「堅持！」成為我的動力，我更在畢業時取得進步獎！

不會停下的腳步

這十年的創路生涯上，我是蒙福的。雖然沒有達成什麼偉大的目標，但人生的道路卻愈走愈清晰。MA 畢業後，我決定以當社工為目標。我首先在夜校重讀中五，既要重新適應讀書生活，亦需要上班。那段時間實在不容易度過，離開 MA 的安舒環境，面對着社會洪流，感到乏力。雖然辛苦，也很值得。

MAP 的同行者家俊很支持我，使我有力量面對。他鼓勵我一起報考一級籃球教練，實踐對籃球的熱忱。雖然每週只上一課，但在上課前閒聊，彼此激勵，互相支持，這些又深刻又懷念的片段，現在仍回味無窮。

我重考會考，與從前相比，我已經很努力，更為了準備考試，特地去從沒踏足的自修室溫習。成績公布了，雖然分數有明顯進步，由過去的一分升至四分，到底還有挫敗感。不過，縱然結果不如人意，但我沒有被打倒，腦海一直想着 MA 學堂的校訓：「忘記背後，努力面前，向着標竿直跑！」當我知道這成績不能修讀社工課程，導師建議我先找工作，待二十五歲後，再從別的途徑報考社工。於是我在社福機構當活動工作員，總算初步踏入社福界，親身體驗這職業的使命，朝着目標進發。

在同輩鞭策中成長

多謝和我一同工作的兩位 MA 師弟尉丞和阿賢。在職場上，我起初只是想把所學的師徒同行技巧實踐出來。當他們的工作上手後，我以為關係就此完結，原來好戲在後頭。有時跟他們談起工作態度的問題，以為講過了，他們注意就是了；但當我一邊講，不禁捫心自問，我又是否做得到呢？這個反問不得了，説得出做得到才是真正的教導。如果我要求別人準時，自己卻遲到，人家必不會準時了。所以當我教導他們要包容一些手腳慢的同事時，自己也要做得到。這都真有難度，畢竟我是個做事快及心急的人。

另外，要學習誠實也不易，有幾次自己也想蒙混過關撒謊了事；但教導師弟時，反問的聲音又出來了，之後惟有硬着頭皮學習誠實。有一次，我弄壞了一塊電腦底板，雖然它仍可正常運作，但底板的確有損壞。我如實報告上司，最後要賠償，費用亦很昂貴……但我誠實説出來，最終得到肯定，竟然有一位高層私下為我付賠償。做錯事勇敢承擔是很難的，但在這件事上，我知道不論在我，還是對其他同事來説都是一個見證。

這兩位師弟兼同事見證着我的成長，不論對事情的看法，還是實踐個人信仰方面，他們成為我的提醒，又能和我分享。這些人生功課，幫助我走近夢想，我想像馬丁路德．金一樣，説得出做得到，能為不公義的事情發聲。

有羣體就像有「靠山」，我有優勝的地方，就有機會自高自大，在羣體中遇上較自己優秀的人，可以學到謙虛，學會合宜地看待自己，適切地回應人，逐漸成長。

熱情感染

人只有進入羣體，才能學會羣體的藝術。我慶幸離開學堂後仍有 MAP 這個大家庭，讓我學懂團隊合作，互相欣賞，投入羣體，表達意見，積極回應與自己不同的看法等。

我們在 MAP 裏一起做夢：「我們能為這個城市做什麼？」我們期望這羣體能回應社會的需要，所以我們排練過幾齣不同的話劇，在不同地方演出，與正在找尋自己方向的青年人分享。我們這班 MAP 小子，沒有誰比誰強，只是坦誠地分享個人經歷，當中有血有肉有靈魂，就是這些「配料」使我們能站於人前。

我們曾經排練過一齣默劇，內容很有意思，但難度很高，所以大家特意找一位話劇老師指導。MA 導師曾教導我們，做事要負責任，還要付代價，而這一次我們終於實踐這道理，付出時間、心力，甚至少許金錢（多數得到資助，感謝一路支持青年工作的人），一起完成這齣默劇。

雖然我對話劇的興趣不大，但當我們擁抱同一信念與目標時，興趣再弱也能夠投入，這就是羣體裏熱情的感染力！

祝福的羣體

在 MAP，我們得到很多人的祝福，已經「受夠了」！如果只懂得接受祝福，而不懂感謝，實在太自私了；但當我們懂得感恩，卻沒有向其他人分享白白得來的福氣，就更可惜了！故此，我很多謝導師們教導了我們分享的功課。

五一二汶川大地震後，我跟隨 MAP 到訪災情嚴重的北川中學。這是一次互相祝福之旅，在香港預備時，我們決定分享自己的人生逆境（從會考受挫到尋回真我，然後追尋夢想）。我們時常提醒自己，不要以幫助者的姿態到訪。有機會與他們同行，是我們的福氣。我們從北川中學同學的身上看到堅持，看到真誠，當我們願意公開自己的故事，他們亦真情流露，這種互動很感人，也是一次心靈治療。

羣體的學問

以前每次 MA 活動後都會有分組 Debriefing（解説），每位學員都要將經驗整合向別人講述。導師不會勉強，但會鼓勵，而學員基於同行及彼此開放生命的精神，都嘗試分享自己的想法，累積了很多被聆聽的經驗，我們都逐漸建立起信心及安全感，願意表達自己。

在 MAP 裏愈久，讓我愈認識自己，也認識分享心底話的重要。在同一羣體裏，若沒解開心結，關係很難維持；再小的誤會或問題存在久了必愈積愈嚴重，若能夠及早處理，彼此諒解，大家才能一起成長。

羣體是建立出來的，而人是當中核心。羣體內要彼此開放生命，一同承擔。若一些人經常多付出，而一些人老是少付出，羣體的承載力就會下降，誤會和怨氣也會積壓。既然我們屬共同成長的羣體，就要花時間在一起，吐露心聲，自然會發現每個人都想羣體變得更好，我也是其中一員，但我從導師身上學會不一定要按自己的心意去發展才是好。

導師們「心水清」，了解我們各人的特性，當我們制訂羣體方向及目標時，導師常引導我們思考，但很少把他們固有的想法加諸我們身上，這真是在實踐青年主導。可是我常因時間安排混亂，經常缺席開會，在建立氣氛和投入上真的有所不足，再一次多謝包容我的師弟妹們！

夢想——活着的證據

羣體對我來説像襯衣，要找合適的，不互相排斥，能互相接納，有着共同目標就更好！每當我閉上眼睛，彷彿「聽到」MAP 一次次的支持，一句句的祝福，一遍遍的問候，一滴滴的眼淚。一個羣體，有笑，有淚，有開心，有憤怒，實在是個真實的羣體。

夢想是我活着的證據。想未來結出什麼果子，第一步就是今日要播什麼種（種子＝心裏的夢想或理想），第二步就是決定用什麼肥料（土壤＝實踐夢想的環境），第三步就是定時淋水，給陽光照耀（養分＝支持你前進的人或事）。MAP 就是一個供給我養分，給予我實踐夢想的地方。這羣體裏有目標地栽培青年人，就算過去被列為尼特族[1]的我們，因為有真正屬於自己的羣體，真實的同行者，就能在社會踏踏實實地活着，一同面對各種變遷。

我一直渴望活出人生意義和價值。我想成為宣教士，去一些受限制的國家，與當地人做朋友，讓他們找到夢想和使命。可是我沒有好好邁向目標，也沒想像中堅強。雖然我在 MA 裏學會了很多，但實踐出來卻仍有很多地方需要改進。雖然師弟妹稱呼我為「大師兄」（因為我是第一屆 MA 畢業），但我卻未能樹立一個好榜樣。有些日子的確忘記了 MA 所學的，混沌地活着。在這低谷裏，幸好有聲音再叫我前行。

凝聚力量

能夠成為 MAP 的一份子，是我的福氣，我珍愛這羣體。

人愈大，愈感到時間不夠用，但我的心還是給 MAP 留了一個房間。雖然 MAP 有很多值得欣賞的地方，但有時候也有一絲哀傷——誰能承接我們的工作呢？我們舊制會考的一代能為新學制的後輩做些什麼呢？對被標籤為尼特族的朋友，我們能成為他們的朋友嗎？能夠讓他們有信心踏上成長路嗎？我深信實踐與構想同樣重要！想得太多有時會令人卻步，不先想好便實行又會常常碰壁，要在複雜的社會裏前進，看來還是要有合適的羣體共同進退，才會有力量。

《聖經》說：「兩個人總比一個人好，因為二人勞碌同得美好的果效。若是跌倒，這人可以扶起他的同伴；若是孤身跌倒，沒有別人扶他起來，這人就有禍了！」期望有更多 MAP 出現，發揮各自的喜好和興趣，既朝着不同的目標前進，又能彼此扶持。

我們需要成年人的支持

很多父母不懂得表達自己，習慣以否定的方式來教育子女，但我們不能只怪責父母，也許他們都不曾得到父母的肯定。過去我以一些拆毀的說話作為成長養分，結果自信心極低，自我形象差，出現很多「問題」。我希望成年人多講鼓勵欣賞的說話，少講拆毀性的說話。人的心就像海綿一樣，若放在負面消極的苦水中，就會全部吸收，變得消極；但若放在正面積極的甜水中，人的心就會變得正面積極。青年人的心是負面或正面，完全取決於父母的一念之間，請各位父母三思而後行！

我想對成年人説：我欣賞你們對青年人的關注，多謝你們為青年人付出。最後，我在此祝福你和青年人的關係能開花結果！無論什麼年紀都需要羣體，我鼓勵成年人尋找屬於你的羣體，尤其是管教子女方面，更加需要同行者。獨力面對真的很容易會灰心。但請你相信：每個人都值得被愛，每個青年人都有很多可能性，可以變得更好！

註 1：尼特族，NEET，全稱 Not in Employment, Education or Training，特別指青年人，在香港稱為雙失青年，被視為全球性社會問題之一。

解說：創路羣體

楊安琪
創路坊高級程序主任

創路，很多人認為是年輕人個人的事情，青年工作者或長輩只要幫助他們認識自己，尋找就業方向便可以，卻忽略了其中非常重要的一環——羣體支援。本文探討青少年導師如何建立年輕人羣體，運用羣體的力量幫助年輕人走過修復、提升及實踐的過程。

羣體與修復——修復信任、修復自我形象

我們在 MA 接觸過的年輕人，很多都跟 Dian 一樣，小時候得不到父母的關注，甚至在語言或身體暴力下成長，以致自我形象破碎，對人嚴重缺乏信任。因此，當與人相處或建立關係時，他們便有很大的障礙。加上成績不佳，被校方、同學視為低成就，長期接收別人的否定、責罵、取笑，於是腦海中便不由自主地累積了大量的負面説話，拖着他們成長的後腳，使他們不敢向前行。要幫助這類年輕人創路，不能單靠幫助他們認識個人能力及職業取向，還得修補他們在羣體中的自我形象，以及對別人的信任。

要做到這一點，必先在羣體內建立正面而安全的溝通環境。我們不單由導師帶頭作深入的生命分享，也透過活動後的小組解説、工作紙、心情札記等，讓學員學習認真分享，經驗被同輩和導師聆聽、欣賞與肯定的溫暖。習慣以嬉皮笑臉或冷酷外表來掩飾自己的年輕人，起初當然不習慣這種「正經」的表達，但經過長時間的練習，便會形成正面表達的氣氛，學員可以在一個較安全的空間下表達自己，嘗試拆掉自我保護的圍牆。這些正面的人際經驗，有助學員修復他們在羣體中的自我形象，在別人的愛與重視中，開始相信自己的存在價值，重新接納自己。這樣，當他們面對創路上的挫敗時，心中響起的便不再是令他們恐懼的嘲笑與責罵，而是如建輝所講的一個個支持、祝福與問候。

導師除了幫助年輕人建立正面溝通的羣體之外，更要幫助他們學習解説經歷。所謂解説經歷，是指幫助年輕人剖析不同經歷中的個人情緒及背後的原因、成敗關鍵，發掘問題與成長的關係、這些經歷對個人的意義等等。這種解説有助年輕人認識自己，歸納出有助成長的元素，而非停留在懼恐或挫敗等負面情緒之中。

羣體與提升——提升創路動機

青少年的其中一個特性是非常受同輩影響，所以在創路過程中，同輩羣體的同行非常重要。學員不但在受訓期間可以互相激勵，畢業後參與 MAP 同學會，更可以延續這種羣體激勵與陪伴，產生「羣性助長作用」——即是當有正面的同伴或羣體在旁，人便會因為在乎別人，而把事情做得比獨自一人做時好。如第一屆的建輝與第二屆的家俊，因着同樣喜歡籃球，一起報讀了籃球教練證書課程。過程中，二人一同上課，彼此激勵。即使建輝乏力、想退縮時，仍因着同伴的鼓勵堅持下去，也為他累積了一次創路生涯中的正面經驗。所以，導師可以做的是，連繫有類近興趣的青少年，讓他們成為創路的夥伴，彼此支持。

羣體的激勵不但對羣體內的人有用，對羣體外有類似經歷的人同樣可以發揮提升的作用。我們曾安排學員在不同的活動中分享自己的創路故事，或將個人經歷改編成話劇，由學員親自演繹。我們發現，這些有血有肉的成長故事最能觸動受眾。每次分享，即使再嘈吵的年輕人都會突然安靜下來，細心靜聽。被指為「低能力、低成就」的年輕人很多時都認定自己的能力比人差，故創路動機薄弱，但當他們聽見有人跟自己面對的困難相若，卻可以扭轉命運時，這類分享便間接提升他們的創路動機。而分享者的職業選擇更可以成為受眾的參考，擴闊他們考慮職業取向的範圍。所以，讓年輕人在羣體中多作分享，不但有助分享者整理個人經驗，更可以刺激其他年輕人思考。

羣體與實踐

成長期的生命創傷只要妥善地處理，就可以轉化成有用的經歷，甚至是人生的使命。MAP 這班孩子在成長上經歷過不同的創傷，但經過修復、提升及實踐，他們的故事便成為任何偉大理論都難及的重要教材，激勵着其他有不同創傷的人。因此，幫助他們找到自己的職業並不是我們的創路事工的終點，這班有經歷又努力實踐的年輕人走在一起，凝聚成一個非常有影響力的羣體，有能力實現更大的夢。

Dian 及建輝都不約而同提到四川的服侍，這是 MAP 造的其中一個大夢。起初帶 MAP 到四川，是希望作生命交流，以話劇及個人經歷來激勵四川的學生。但當兩個羣體遇上，帶着有血有肉的個人故事相遇，當中所產生的化學作用遠超我們的預期。

MAP 這班年輕人，長久以來被社會、家庭，甚至自己標籤為沒有能力，所以他們想也沒有想過自己的經歷可以服侍遠方的人；一羣廣為世界所知、深受地震影響的人。他們在預備話劇的過程中，整理自己的故事、合力排練、克服語言障礙，最終站上舞台，在上千名師生面前演出。演出後那份成功感及滿足感，是極之震撼而且具有造就性。當日完成話劇之後，他們在後台圍在一起，相擁而泣。流淚，是因為整個羣體克服了困難與限制，完成了看似不可能的任務；哭泣，是因為克服了個人創傷，有勇氣站在人前接受自己的過去，化個人的咒詛為自己及別人的祝福。整個過程，不單是一次生命分享與服侍，同時也是一次個人在羣體實踐中的自我治療。

陪伴你的羣體造夢吧！讓他們做一些自以為不可能的事情，年輕人的自信心源於嘗試，羣體的歸屬感來自實踐共同的目標。當你願意給予機會，放手讓年輕人嘗試，在遇到問題時才出手陪伴他們修正，你將會發現，年輕羣體能做到超出你所想的事情。

總結

創路事工不是要訓練一個什麼事也處理得來的獨立個體，因為每個人總有些事情做不來。正確認識個人的強弱，學習與人合作，合理地提出需要，接受幫忙，互補不足，這種生活態度才更要緊。一個願意接受別人幫忙、也會去幫助人的人，才能感受到愛與被愛，也能從愛中支取向前行的勇氣與力量。

青年人的創路羣體不單指朋輩，也包括父母、青少年導師、老師，甚至職場上的前輩或師傅。他們都影響着年輕人如何認識自己，定義自己，例如：經常性的否定和批判會扭曲年輕人對自己的理解，削弱他們的創路動機，也窒礙他們發揮內在無限的「小宇宙」。正面地支援年輕人創路，容許他們嘗試，從而幫助青年人發掘未被開發的特質與潛能是非常重要的。

本部分邀請影響青年人創路的長輩，分享與青年人的創路經歷，冀鼓勵更多父母、青少年導師、老師和職場上的前輩或師傅，樂於與青年人同行創路。

1

生命導師

生命師傅是青年人的成長嚮導，除了提醒、教導、關心和支持，更重要是同行，扶持他們走自己的路；並且匯聚青年人的成長系統，作為青年人創路的支援。

創路多面睇

朱淑君

（右）MA1 到 MA4 導師，現任宣道會深水埗堂的青少年傳道人。

「師徒創路學堂」對導師也是一次新鮮的學習及體驗。作為創路青年的同行者、導師，我們見證青年人的成長、成熟；在課程期間和學員畢業後，我們作導師的皆有幸與學員同行，見證不少年輕的小伙子在生命中尋找及開創他們各自的前路。有學員甚至已成家立室，走在當行的路上，是一件很感恩及感動的事。從青年人的成長故事中，我們看見一個又一個不一樣的精彩人生。

見證生命奇蹟

最令導師傷腦筋的，就是如何設計課程，幫助一羣過往在學校經常面對學習挫敗的孩子，重拾學習的動力及興趣。由於經歷失敗，缺少自信，成了這羣小伙子的絆腳石，他們不懂得與他人相處，特別是和長輩（如導師、老師及師傅）合作。但是，這場「危機」卻成了「師徒創路學堂」導師與孩子共同創路的契機。

猶記起在第一屆 MA 中，有一位學員因經常與授課的老師[1]衝突，需要導師介入。然而在此危機中，學員首次放下武裝，真誠地與師長分享自己內心的不安，和在學習上的困難及限制。一旦師生坦然分享彼此的想法，師生關係便得到重建。過程中，老師亦在學員身上發掘他獨特的潛能及長處，讓這原先失去了學習興趣的孩子，重燃學習的熱心和方向。

畢業後，這學員仍積極爭取進修機會，並獲得實習崗位的聘用，在工作中得到同事及上司賞識，得到肯定。同時，她的成長經驗，更成為以後來實習的師弟師妹的鼓舞和別人的祝福。

另一位學員，我印象猶新。初接觸時，我覺得他很輕佻，任意妄為，對任何事都不太在意及投入，有一種玩世不恭的態度。在學習、實習及回突破參與領袖訓練時，他都不太積極，甚至曾被工作師傅及老師投訴。然而，負責關懷他的生命導師卻很細心，循循善誘，讓他感覺有人肯定及認同，重拾對人對事的積極。畢業後，他發掘到自己的興趣和長處，並努力發展，獲得籃球教練的認可資格。

在「學堂」幾年，見證一個又一個青年人，最初厭棄讀書，認為自己是世上不起眼的人，後來都重拾學習的毅力和自信，努力尋找自己的方向、目標，並向理想邁進。有學員現今正修讀副學士或大學課程，更有學員已完成了大學或神學課程，成為金融分析師、助人者及傳道人，在社會上獨當一面；也有學員找到自己的興趣，發展一技之長，成為專業化妝師、調酒師、拳擊教練；更有學員嘗試突破自己的安舒區及語言限制，遠赴海外體驗工作假期，處身異地學習文化共融，開闊眼界。看到種種獨特的創路歷程，都是導師，甚至學員在參與MA之前完全沒有想像過的。

當然，部分學員的創路歷程，並不是在參與 MA 時立竿見影，是畢業後陸續實踐。MAP 的成立，讓學員與導師仍然保持同行關係，也提供不同渠道，例如話劇演出，讓曾經參與 MA 的師兄師姐可與自己的師弟師妹，還有不同羣體分享彼此的成長經歷。

近年，MAP 學員積極參與突破在四川的事工。原意是讓青年人參與服侍，以生命影響生命；但每次聽他們回港後的分享，看到學員藉着生命交流，生命也同時被四川的學生擦亮。昔日缺乏自信的學員可以勇敢地走出自己的安舒區，在人生中找到一條不一樣的助人自助之路。

生命更新的關鍵

回顧五年多在 MA 的日子，有幸接觸不同背景的青年人，聆聽他們的生命故事。有些青年人的成長非常崎嶇：有來自破碎家庭的、有自小被家人或老師忽視的、有學業不斷經驗挫敗的、有從小就活在父母的期望和壓力下，但卻從未得到家人理解明白的。每一個故事，都讓我們多點了解為何這羣孩子會失去自信和盼望。然而，神把他們帶到 MA。一班基督徒生命導師對他們的關愛、接納及明白，成為這班孩子重新被接納及被肯定的起步。當然，破損了的自我形象，並非片言隻語可以重建，是需要經歷神奇妙的恩典。

作為一班基督徒導師，我們深知道真正叫人更新的，惟有神的救恩。因此，每年導師都會邀請學員參與突破一年一度的「復活節福音營」，希望藉此讓一羣自我形象破損的學員，認識看他們為寶貴，並賜下永遠生命給他們的主耶穌。每次陪伴學員參與福音營，見證他們認識基督的一刻，都令我很難忘和感恩。

導師也創路

在「師徒創路學堂」的發展歷程中，不單學員經歷成長及創路，參與的同行者及導師，亦經歷生命的突破、蛻變及成長，部分導師也在過程中找到自己人生的新方向。

由於與學員緊密同行，導師見證學員的成長及改變，同時也加深了對自己的認識。因着接觸及輔導學員，導師了解自己的限制，於是進修輔導學及心理學；也有導師因此成了專業青少年輔導員；亦有導師將在 MA 服侍的經驗，用到突破四川事工上，服侍當地的災後青年；亦有導師受感召，進入神學院進修，成為專職服事青少年的傳道人；更有蒙召離開香港的，到遠方當宣教士，服侍不同文化的青年羣體。而我就是其中的一位。

MA 的學員決志信主後，生命有轉變，會問一些與信仰有關的問題。我不斷幫助學員認識信仰，在這歷程中，我漸漸發現《聖經》—— 神的話語是一個很重要的渠道，幫助青年人重尋生命的意義及價值。因此，我認真思想自己的召命，是否要回應青年人在信仰上的需要呢？這個時期，神的話語一次又一次幫助學員跨過生命的困難及挑戰。此時，神的呼召又再次臨到我，挑戰我的生命方向，放下工作，進入神學院裝備自己事奉主。

最初，我見到 MA 學員的生命，學習改變，經歷生命更新，使我大得激勵，也要踏出自己的安舒區，回應神的呼召。及後，神又藉着同事及學員，堅固我踏上神學之路的決心。記得輔導學員時，我常常鼓勵他們為自己的問題祈禱。每次跟進，他們都會異口同聲説生命中經歷到神的平安及穩妥，縱然有些時候問題並沒有因禱告而迎刃而解，但他們能靠着神的帶領安然面對。我見到了神的大能，也強化了我回應召命的決心。

2007 年，我決定離開突破，踏上神學進修之路。雖然離開了 MA，但我仍以一個屬靈夥伴的身分繼續關懷及接觸這羣學員。這幾個年頭，不少學員也會傾訴 MA 畢業後踏入社會面對的適應及挑戰，神使用我，禱告、守望、關懷，幫助他們。

十年過去，不少生命導師、工作師傅和老師，都先後離開了 MA，但他們都會很珍惜在 MA 中的一點一滴，就是在 MA

的服侍，啟發了他們，創出了一條更美的路。因此，創路的歷程，並不止於學員身上，也會在每一位有份參與 MA 的成員身上，不斷發生。

註 1：授課的老師，MA 學員在訓練期間，有一段時間會安排在正規學校上課，由學校老師教授實用學科。

生命影響生命

李潔卿

Joan，MA1、3、4、5 導師，也是訓練統籌，
至今仍是突破創路坊同工。

與創路的不解緣

由正式踏進職場至今我曾在三個地方工作，包括幼稚園、基督教福音機構及現職的突破機構。服務的對象和環境同中有異，服務對象全屬「創路者」和支援「協助創路者」。幼稚園的小朋友是「從零開始」：由家園走到校園，我作為老師，任務是協助小朋友適應未來十多年的校園生活，也會指導父母如何成為子女日後路上有力的支援者。基督教機構內的工作，是協助信仰上創路的「初信者」，協助他們建立以信仰為人生價值取向的生活方式，還有訓練及支援一些栽培員，好讓他們引導初信者在信仰生命成長。現職突破機構創路坊，使命是協助青年人由學校過渡職場，無論快將或尚未踏進職場的，都幫助他們整理自我、裝備並建立以人生意義為本的職場路向，並透過分享和培訓，鼓勵不同界別的成年人成為青年人的創路同行者。

回顧過去自己職場的路線圖，不但協助別人創路，同時間也創自己的路，在「生命影響生命」的相遇裏體現出來；特別是過去十年的「師徒創路學堂」計劃就正正是助人自助的創路旅程。

我在 2008 年出版的第一本「創路達人」書籍《創路達人の從零開始》中，曾以鷹雞故事[1]比喻青年人在創路上可能出現的處境和需要，故事描寫一隻「鷹雞」，樣子奇怪又走得慢、連啄食小蟲的基本謀生技能也「輸蝕」過人，終日只會躲在小雞尾後見步行步，農場主人視牠為不思長進沒出息。但牠的「失敗」背後隱藏着很多因素，例如照顧者對鷹雞的期望和栽培方法，羣體影響、社會環境的模造、還有個人成長歷史、牠的自我形象等。活在這複雜的處境下，鷹雞幸得知遇者同行和指導，給牠時間和空間，在嘗試和體驗中成長，漸漸回復真我，成為展翅翱翔的雄鷹。

相遇、傷遇、傷愈

「那人走去抱起鷹雞，鷹雞卻在那人的懷裏張牙舞爪，弄得那人身上爪痕纍纍……」(鷹雞故事節錄)

雖然那人滿懷善意，一心想提拔鷹雞，可是這個埋身的任務難免身心受損，所謂「出師未捷身先死！」莫非這世界真的善有惡報 ?!

MA 的青年人跟時下的青年人一樣，愛玩愛即興愛大夥兒活動，反應快説話快喜好變化亦快，容易因為個人感受而不知不覺傷害了身邊的人。回想每年的學員，不論是猶豫不決，抑或躊躇滿志，通常訓練進行了約三分之一，就會踏進「高原期」—— 一切人和事由新鮮回歸平淡，日子由期待驚喜，變為要以意志力、較深層的毅力來支撐。這時同學會想放棄，有時還會即興「玩失蹤」，甚至突然「死亡」。

有一屆我組裏同一時間有半數人進入高原期，遲到逃學曠工，手機由早上撥到晚上都無人接聽，留言短訊也沒覆。糾纏幾星期之後有人回來了，但沒有解釋和回應，有的人完全放棄，以兩三個字的短訊交待。要是在半夜時分肯接聽電話，不是嫌你煩就是暗示你「阻住地球轉」，冰冷地回應兩三句便草草收線。夜深人靜的納悶，被拒絕的感受，使導師感到份外難受和孤單，在這膠着的日子，心裏湧起一種説不出的痛和孤單感，即使自我安慰説他們不珍惜機會、不珍惜愛，錯不在自己，選擇放棄是他們走寶吧！然而再多理性的解讀，心裏總是難過和沉重，眼淚也莫名徐徐滴下，開始發覺到這已不單是「開工不大吉」，而是心裏受傷。

在 MA 裏，我們最重要的理念之一是「先學做人，再學做工」，我們讓學員檢視成長歷程，了解今天的我是如何被塑造出來的，然後好好重整和回復真我。「生命圖畫」是我們常用的反思工具。[2]

我刻意給自己獨處空間好好思量，靜下來的時候，腦海浮起那幾位突然退學的青年人面孔和相處片段，逐漸發現心底的痛，背後是一種失去的遺憾，好像母親突然失去孩子，還要是同時失去幾位。學員拒絕接電話、拒絕回覆訊息、拒絕每一句出自關懷的對話，這份失去是被動的，更使人感到無助。這種被放棄和拒絕令我想起童年時候的片段。很幼小的時候，家人常常提起，因為家裏窮得難以撫養孩子，於是將剛出世的我遺棄在醫院一角，幸而還是不忍心，最後把我抱回家，所以這個家原本就沒有我的位置；況且家裏兩個哥哥和姊姊剛好湊成兩個「好」字，我就變得「多餘」！再加上在三歲左右，姊姊真的把我遺留在街上，慶幸被鄰居認出把我帶回家，那一刻家人才發現我根本一直不在家。

原來追溯自己的生命圖畫，埋藏着被遺棄的孤單和不安感，被青年人拒絕這回事，與過去的經歷發生沉重的撞擊效應。感恩這次經歷讓我好好思想和面對過去的傷害，若沒有寬恕，不能帶來真正的忘記和放下，過往遺留下來的哀傷與懼怕，將成為實踐召命的障礙和阻力。

那次安靜過後我寫下整個歷程，向那一屆青年人，包括事件中選擇勉強留下不退學的青年人分享，坦然表達要整理心情，請學員批准導師請假，不出席之後舉行的燒烤旅行日，(此舉我認為一方面要坦誠向青年人表達，導師也是普通人，同樣要面對人生中有血有肉的成長帶來的挑戰，另一方面導師也同樣要向青年人負責任地交代和請假)，最後學員商議，決定與導師共同進退，將他們期待已久的大旅行延期。生命影響生命的果效像硬幣的兩面，青年人與導師互相影響，可以出現正面或負面、善或惡的結果。若不懂得掌握和繪畫自己的生命圖畫，就無法引領青年人探索和整理他們的生命圖畫。

成為重要的第三者

「那人深信那鷹雞絕對是一頭飛鷹，於是向場主請求容許他為鷹雞作個實驗……」(鷹雞故事節錄)

處於迷失迷惘狀態的鷹雞，缺乏能力或動力為自己辯解，故此需要有人協助，為牠打開缺口。鷹雞故事中的「那人」努力説服場主給機會，證明自己沒有錯看鷹雞，更重要的是讓場主看看鷹雞原來蘊藏了多麼深厚實力。導師就是「那人」，希望為青年人鋪橋搭路，讓他們和父母、羣體與夢想之間，可以感受和體會彼此的情感和需要。

青年人與父母之間的橋樑

雖説十個青年人九個都不愛回家，但他們心底對家其實滿有期待 —— 一個溫暖有愛又安全、能被明白及被聆聽的家，是父母心裏最愛的孩子。可惜未有適切的時機、空間和途徑表達。

每屆 MA 的青年人，心扉打開後，最需要的是被接納和了解，否則一旦再受傷害，可能會比以前更封閉，故此我們期望父母也同樣打開自己的心去明白孩子，感受他們的成長。每一屆學堂接近尾聲，我們會舉行家長小組，一方面想邀請父母看看他們的孩子在 MA 裏的生活片段，亦想他們知道孩子對未來的想法，盼望父母成為子女日後創路的支持。

出席家長以母親居多，有一屆的家長小組，一位母親好不容易邀請到丈夫一起出席。他們的兒子，我形容為「性格巨星」，一時沉靜得像睡着，一時又吵鬧得我寧願他快睡去。這位心思細密的「大號寶寶」經常獨自晚飯，沒有家長陪伴，所以學堂訓練期間，導師都會邀約他吃飯。這次他的爸爸出現，確實為這青年人帶來驚喜。家長小組其中一個環節是播放青年人參加活動的花絮片段，例如伸出拳頭的五分鐘立志行動、每天活動前十幾個圈跑步、二十多人跳一條大繩、背着幾十磅背囊進行野外逆境訓練營、在兩層樓的高度上進行繩網挑戰……影片播放後青年人的爸爸兩眼通紅。原來在他眼中，孩子只會塞着耳筒聽歌、玩耍、懶洋洋又不願多想將來的事。看過片段後他感慨又驚歎，原來我家兒子已經長大，如今是個充滿力量和勇氣的男子漢！在結業禮那天，爸爸專誠請假出席，還預備了一隻很酷的手錶給他作為畢業禮物，藉此表達支持和珍惜未來同行的光陰，這的確是一份情深意重的禮物。

青年人與夢想之間的橋樑

人與人之間的關係需要橋樑，人與夢想之間亦需要一道橋接駁，使以為遙不可及的目標成為能夠把握的路線圖。

有一年，參加者都是末代會考生。在面試時其中一個青年人，我一眼看他，就知道是個運動健將，我問他將來有什麼夢想？他説想到台灣唸大學，理想學府是台北師範大學體育系，將來想成為職業籃球員或體育老師。説得興高采烈之際，他突然停頓，自潑冷水説，這是不可能的任務，連會考能夠拿到多少分，他也沒把握，別説去留學了！他自嘲為不自量力。

我心裏突然想起早兩屆畢業的學員中，有一位也是會考零分，現在已經排除萬難成功登陸台灣一所國立大學，於是安排他們見面交流。幾個月後我們三人第一次會面，師兄講解升學的要求。當師弟擔心自己毅力不足，師兄鼓勵他鍛鍊自律及訂下作息時間表；師弟擔心天天早起會睡不夠，師兄卻提醒他，過去中學已「睡」了五年都足夠吧！師弟又擔心分數不足考入國立大學，可能要入讀私立的，師兄感慨回應，如果我們肯辛苦一年，考入國立大學，父母就不用在未來四年籌措高三倍的私立大學學費吧！

師兄的分享令我很感動，感覺他成熟了不少。他不但激發師弟邁向夢想的心志，更開拓他對夢想的眼光，不只為自己，還要想及他人;不單自己感覺幸福，亦要身邊人因你而得祝福。

最後師弟完成 MA，報考台大先修班，可惜失敗了，他本着 MA 裏最受用的兩句格言自我提醒：「你不控制困難，困難便會控制了你！」「今天的成就無非是昨天的不可能！」決定等待來年再考，還善用時間報讀毅進課程、做運動來鍛鍊意志預備狀態，一年後他成功入讀先修班，今天他已經是台北師大體育系一年級學生。[3]

青年人與羣體之間的橋樑

一道好的橋樑不單可以承載人和他的夢想，還能夠讓一班人匯聚起來成為羣體，實現更廣闊更遠大的夢想。

MAP 的珍貴之處，不但讓同屆學員維繫情誼，更將多屆學員串連，邁進個人目標，成就共同夢想。他們當中有人夢想要寫出感動世界的劇本、或成為歌手，有的則想以自己的故事鼓勵其他青年人。在偶然機會下，他們合作製作了一齣又唱又演的話劇，跟 MA 的師弟妹分享，又到學校演出，跟隱蔽青年分享，最感動的一次是帶往四川跟經歷過地震的八百多位高中生分享，表達他們從昔日沒有盼望的生活中走出來，為自己和羣體的夢想一起創路。

在後台打點物資的我，默默看着他們的演出，雙眼忍不住淚水。從前這羣青年人連自己都瞧不起自己，人生掉入死胡同，到今天能突破自我，重新做人，走出香港與陌生人分享生命，實在是偉大的奇蹟。

話劇後我們肩並肩圍着，五分鐘都沒有說話，眾人的情感展示在一滴一滴的淚水中。

一而再，再而三的擁抱

「那人抱起鷹雞用力向天擲去……那人抱鷹雞往屋頂然後用力向高處擲去……那人把鷹雞再抱入懷，跑到懸崖邊，孤注一擲將鷹雞擲出去……」（鷹雞故事節錄）

鷹雞雖然過着不快樂不情願的生活，可是失去自信的牠要跳出安舒區，往外冒險，心裏卻有不為外人道的驚恐和非性理的因由。

每一屆 MA 開始前，心裏總不其然忐忑，不論準備多充足，也不代表活動能順利，青年人會按預期成長。成長根本沒有既定軌迹，充滿變數，導師只可以堅持愛堅持相信，假若導師對青年人失去期待和盼望，亦難以在未見成果的處境下堅持愛和相信。青年人的改變並不因你「做」了什麼，而是你流露了什麼，這就是身教。

用「千次認錯，萬次不改」，「意見接受，態度照舊」來形容其中一屆的某個青年人絕不過分。如果你也認識他，一定會贊成，還會欣賞我們對他的評價很厚道。他第一次出現時，口黑面黑、蹺手印腳、十問九不理，不論在羣體活動或小組分享，他想說就說、想睡就睡，隨時隨地接聽來電。導師屢勸不改，還要滑頭地表達自己身不由己，即使向導師發下毒誓真誠懺悔，最後還是依然故我。他叫導師感到頭痛無奈，課程接近完結，他的本性都沒有明顯改變。只是經過不知多少次苦口婆心的表達，導師與他建立了一份奇怪的默契，雖然我們知道他本性難移，但不會停止對他的嘮叨管束；而他也不抗拒導師的督責，縱使仍堅持「做返自己」。這個特殊的相處關係，表示我們雖不接納他的行為，但仍接納這個「人」，仍對這個生命存着盼望，相信生命有很多可能性。

這青年人在導師和職場實習師傅指導下，慢慢繪出他的夢想實踐藍圖，MA 結業後，他向着夢想進發，雖然實踐過程不時調整航道，但並沒有停下來。幾年後的今天，我們間中會邀請他回來分享成長和創路歷程，除非他有要事，否則逢請必到，他說過不會忘記導師的恩情，即使要犧牲寶貴年假和例假也不要緊。

在今天的社會，不難發現人們多以行為和成敗來決定一個人的價值高低；成年人喜歡向小孩說：「你乖我便錫你！」「考試 100 分才是叻仔！」「紋身的沒有好人！」很多屆 MA 學員都表示，課程中最感動和珍惜的，就是即使自己常常堅持不到承諾和重蹈覆轍，導師們在失望難過和氣餒之後，仍然堅持去愛和懷着期望。記得其中幾屆的學員在結業營的晚會中的深刻分享：「本來，以為這生人不再有父愛，可是 MA 讓我重新經歷被父親擁抱的滋味！」「我們失敗了，導師比我們更難過！我們成功時，導師比我們更興奮！過去導師就這樣讓我經歷愛。」「記得那晚逆境營時我們被蒙着眼一段路，導師用溫暖的手帶我到出發的起點，路途中導師一面跟我說不用怕，放心和放膽去找自己的路，媽媽在你身邊支持你！那時心裏很感動，就是連自己真正的爸爸媽媽也從未這樣的牽過我手和說過這樣的話！」「令我感動的是，每次當我們忘記導師的要求或承諾後，導師會教訓我們，但最後都說上：唔緊要，明天又是新的，把握機會再來過！」當一個人感到被重視、被愛和被信任，就會慢慢從自尊中生出意志和動力，生命產生改變。

鷹雞後傳：由陪行變成同行

第一本書的鷹雞故事描述到展翅的鷹雞愈飛愈高，愈飛愈遠！原來故事還有後續，鷹雞竟飛回老巢，牠並非打回原形，而是要回報知遇之恩，提拔其他小鷹雞……

在 MA 的十個年頭，和自己並肩作戰的同伴，因着不同的夢想和召命，轉到不同的「戰線」上創路。「開國元老買少見少」，孤單感油然而生，有時會仰天歎息，要繼續堅持的話，力量從何而來？夥伴在哪裏？正所謂今天的「果」就是昨天的「因 」，老天爺總會在適當時候從天降下令人意想不到的驚喜！

十年的 MA，最令人鼓舞的成果，就是畢業的師兄師姐仍顧念這個孕育他們成長的地方，會以這個老巢為加油透氣的補給站，同時也成為義工，與導師們攜手承傳使命。同學期望以自己的「地圖」鼓勵青年人尋找屬於自己的地圖，也呼籲成年人與青年人同行。過去我是鷹雞的帶領者，今天他們都成為我在這戰線上的同行者和心裏的「得力素」。

這羣青年人，比我們更優秀之處就是貼近現時青年人的處境、掙扎、感受和需要。近幾年他們到學校演出話劇時，有一幕最能觸動同學：劇中人物因社會注重外表，以功能為人定價值，或因自己過去的創傷，被追逼到躲進垃圾袋內瑟縮。每次觀看的同學都由散漫的嬉笑中沉靜下來，眼神彷彿流露出無奈和激動的共鳴。話劇演下去時，他們會告訴觀眾為什麼自己有勇氣從垃圾袋走出來面對世界，他們鼓勵學生亦要從封閉自己的垃圾袋中走出來，擁抱屬於自己的夢想。我感受到這羣青年人心中那團火和一份情，有時致電邀請他們演出，不用什麼客套説話，直接了當地問：「還有沒有年假和例假？」青年人的假期就這樣無條件奉上。

除參與話劇演出外，MAP 亦願意成為師弟師妹的成長嚮導，以一對一方式分享生活上的經驗和反思，陪同師弟妹領取放榜成績和找學校。近幾年 MAP 對師弟妹的照顧甚至跳出香港，身在台灣新竹讀大學的師兄，就向剛到台北讀書的師弟給予跨境創路上的支援。

其實青年人不遺餘力的回報，不單支持創路工作的發展，對我來説是一份非常重要、窩心的鼓勵和安慰，就像為人母親者見證自己所養育的子女成長，而且能夠真正長大成人！他們不單滿足自己的夢想，亦能為身邊人送上祝福和幸福，為社會帶來正面的貢獻，這是一幅多麼美妙的圖畫。在過時過節他們會向我這位老媽送上溫暖的祝福，甚至給我一頓飽肚的大餐。一次辦公室附近發現有蛇出沒，同事報警後不久就收到駐守本區，當了「阿 Sir」的 MA 畢業生來電慰問。一個月前家中因為樓上爆水喉水浸，要處理煩瑣的維修和追討程序，這方面相關專業的青年人知道後，第一時間致電給我提供資料和指導。

知恩、感恩、報恩

「生命影響生命」的完滿結局之一，就是讓孩子懂得「知恩、感恩、報恩」。

一個知恩者明白自己的限制，這樣生命才能從突破自我中成長展翅；懂得感恩的人能夠享受知足帶來的喜悦，懂得為生命感謝才懂得珍惜生命，真正珍惜自己就是愛自己的表現；報恩是一種愛的回饋，亦使人跨出自我疆界與他人結連。祝福我們的青年人都能如鷹展翅，跨山越嶺，讓生命的信望愛化成動力，為世上延續真善美。

註 1：「鷹雞傳奇」是 MA 導師向學員講述的故事，故事講述一頭誤養在雞羣的小鷹，因與同伴格格不入而無法健康成長，一名途人因辨認出小鷹而扶助牠展翅翱翔。故事作為青年人和青年工作者關係的比喻。

註 2：「生命圖畫」的步驟是先寫下我們喜怒哀懼和熱愛的事物，並追蹤這些價值的因源底蘊，從而發現個人生命深處的狀態，並且藉着寬恕、忘記或獨處靜思的空間，處理埋藏心裏的創傷和陰暗面，讓被壓抑的恩典和召命有機會釋放出來。其實每個人也有自己的生命圖畫，會隨着每日遇到的人和事，不斷變化而繪出礙眼或意想不到的色彩和構圖。

註 3：故事見胡健昕部分，頁 190-199。

2

工作師傅

MA 學員得到商業機構提供實習機會，並有工作師傅在工作和人際關係上指導，幫助青年人適應工作世界和所帶來的衝擊。

導師 Joan 訪問了幾位工作師傅，邀請他們分享與青年人同行的樂與怒，還有一位創路青年與師傅重聚，回首過去，展望將來。

採訪：李潔卿

撰寫：史曉晴

由創路青年到星級名師

（左）Robert Tsoi，自 MA1 開始已是商界夥伴合作代表，現職新輝（建築管理）有限公司董事兼總經理（內務管理）。

提起「星級名師」，聯想起的或許是補習社的摘星天王。

然而，這位星級名師，低調得很，街頭沒有張貼他的海報，報紙上亦沒有他的硬照。他的學生不是公開考試的狀元，相反，他的徒弟成績都是強差人意，無法升學。不過，蔡少浩（Robert Tsoi）為何會當上星級名師？

一直以來，蔡生所屬的新地集團會與不同機構合作，推動社會服務，協助基層的年輕人，如透過香港青年歸主協會，辦了差不多十五年功課輔導班，也舉辦了五屆「新地齊讀好書」計劃，資助基層兒童，購買好書閱讀。

另外，集團亦支持突破機構舉辦「師徒創路學堂」，投放資金和人力，為失學青年提供讀書與工作培訓的機會。起初，Robert 在計劃中只擔任策劃的角色，但這幾年，他開始走上前線，跟學員直接溝通。

每人也要創路

Robert 生於典型香港家庭，上一代早於戰前離開家鄉，遷至香港定居。一家十口，有兩位媽媽，以及七名兄弟姊妹。Robert 的父母，與大多父母一樣，望子成龍，所以他小時候，被安排入讀一間著名的教會學校。

1967 年，他的哥哥準備去外國升學，但申請的時候，卻意外發現剩餘一個學位。結果，他十四歲便跟着大哥放洋留學。自以為英語水平不俗的他，初到異地，雞同鴨講，連基本溝通都出現問題，而且兩地的文化迥異，他感到難以適應。那年代，外國留學不如現在普遍，在英國讀書的香港人寥寥可數，加上他跟哥哥的學校不同，缺乏了隨時傾訴的對象。對於一個十四歲的青年來説，這段日子不容易捱，「去到英國不久，我冷病了，未到三星期就想放棄，很想回家。」

大哥知道後，對他説之以情，曉之以理，幾經掙扎，他才留下來，漸漸習慣英國的生活。最終，他取得會計師的專業資格，工作了五年。回想讀書的艱難日子，Robert 坦言感謝大哥的不離不棄，陪他捱過留學初期的鬱悶。

在英國讀書多年，Robert 回家的次數不多。那年代機票昂貴，平均三年才能回港一次，與現在一年回港三次的留學青年不同。然而，因着假期被迫留在當地，他卻能體會當地文化以及風土民情。現在回想起，「對我來説，這是一種很特別的經歷。」

直至 1979 年，Robert 決定回流香港，任職於一間生產包裝容器的公司，協助公司發展，公司在香港與內地坐擁十間廠房，最後甚至成功上市。然而，公司被收購，身為高層的他亦被辭退。失業半年，他才加入新地集團，重新學習建築，直至現在，轉眼十五年。

回望這幾十年，事業有起有跌，但 Robert 認為，在艱難的日子，信仰給予他很大的力量，讓他時常感到平安和喜樂，「我積極參與教會與團契的生活，閒時亦擔任義工。屈指一算，我加入了香港青年歸主協會，接近三十年，加上與其他機構合作，例如於商人團契、啟發課程，以及梁燕城博士的文化更新機構擔任董事等。」

協助青年人創路

隨着時代過去，現在的社會，與上一代經歷的截然不同，就像從前不少人嚮往大家庭，一家六口，也算閒事；現在卻漸變為小家庭，小孩大多都是「一個起，兩個止」，前特首只好呼籲市民「最好生三個」。縱然家庭的人數減少，但是新一代的青年，面對着社會氛圍改變，卻成為 Robert 口中「被遺忘的一羣」。由於工作氣候改變，以往強調「男主外，女主內」的價值崩潰，這一代的父母，大多都是雙職，難於投放時間在家庭上，把管教的責任轉交給老師以及菲傭；加上離婚率不斷上升，不少青年都於單親家庭成長，缺乏了合適的管教。

所以他和同事都期望透過不同的方法，挽回失喪的年輕人。Robert 說：「學生面對學業上的困難，有經濟能力的家庭，早已花錢聘請補習老師，單對單教授，但很多弱勢社羣的家庭，卻未能承擔這費用，所以集團辦功課輔導班，希望透過這渠道幫助他們。」

問及為什麼集團願意贊助「師徒創路學堂」，Robert 提到很多青年人在公開考試上經歷失敗，遭社會否定。「會考零分，不等於他們有問題，他們有些對讀書真的沒有熱誠，有些卻是客觀條件不足，但是社會卻沒有想過，怎樣幫助他們。」故此，當蔡元雲醫生與梁永泰博士提出「師徒創路學堂」的計劃時，集團就一口答應。

大部分企業資助青年人成長的方式，傾向招攬所有高材生，送獎學金，忽略了平凡，甚至成績差的學生，但 Robert 質疑，「如果企業只顧支持尖子，被忽略的一羣誰來扶他們一把？」在他而言，讓青年人誤入歧途以先，未雨綢繆，挽救他們，這才是「企業責任」。

企業能給尖子一萬多元的獎學金已算不錯，但 Robert 說，集團給「創路計劃」投入了一百多萬元，每次二十多人受惠。過去數年，香港會考生每七位，便有一位會考零分。MA 的學員主要是低分或零分，每位學員的資助平均多達四、五萬元，比大學尖子得的獎金更多。另外，集團又會提供實習崗位給學員，派出師傅跟進他們的工作情況，在師傅帶領下，他們了解不同工種的技巧，增加人生的閱歷，「新鴻基集團規模龐大，職位多樣化，不喜歡文職工作的學員，亦可以選擇酒店服務、餐飲、會所、建築、挪亞方舟主題公園，甚至會所遊戲機專科等不同部門，總能滿足學員的興趣。」雖然計劃動用了不少人力、物力，Robert 認為這都是值得的。

「以前，他們大多缺乏長輩導師同行，而家中的爸爸亦未必懂得做個好爸爸。如果學員認識信仰還好，起碼讓他們有信念；但沒有信仰的人，在沒有目標的情況下，很容易終日無所事事甚至誤入歧途。」他知道不少參與的學員藉着計劃重拾生命的意義。

在很多人眼中，計劃是為青年人而設，但 Robert 的體會是，受惠的不只學員。Robert 解釋，「人事部曾作調查，發現師傅多有正面回應。工作師傅只要接觸到這些孩子，即使不是基督徒，都要激發為父的心腸，回家以後，就更加懂得當一個好家長、好長輩。」

成功的師傅

「坦白說，懂得做別人的師傅不是與生俱來的，而且在商業機構裏，很多人都害怕把知識傳授給下屬。」話雖如此，「成功」二字，在管理層眼中，卻是存在另一種心態。管理層認為，一個成功的企業家，不是計算他為公司貢獻多少，或是賺多少錢，而是他能不能培訓接班人，讓下屬青出於藍。「有些企業發展蓬勃，一旦創辦班子離開，就不能持續發展，這就是在傳承方面出了問題。」一間成功企業，不只雄霸幾年，而是長期具競爭力，一代比一代做得更出色，才能真正成功。

《聖經》記載，保羅差派提摩太出去，沒有擔心提摩太的成就高於自己，甚至祝福他比自己做得更好，叫他不要小看自己年輕。然而，Robert 問，「我們何曾跟年輕人這樣説，『你會叻過我、你會勁過我，你得㗎』？」當年輕人仍然為考試及格的問題而戰戰兢兢，成年人應該鼓勵他們。Robert 說，女兒的公開考試成績比他的好很多，他便對女兒説，「你一定比我叻很多倍。」他的運動能力有限，但兒子的運動很出色，作父親的，就要肯定他。在他眼中，一位成功的父母或師傅，就是「藉着我們的鼓勵與肯定，讓年輕人安心地發揮才能」，甚至青出於藍。

走到小子身邊

Robert 身體力行，參與前線的工作。他會跟學員像朋友般以短訊溝通，也曾帶領學員出席福音餐會，其中有好些學員更決志信耶穌。

MA畢業以後，其中一個信了主的學員申請修讀副學士失敗，不禁失落。Robert鼓勵她於集團旗下的酒店做暑期工，賺取經驗，「除了安排機會給她，我亦親自訓練她，為她預備模擬面試，讓她明白為什麼要做這份暑期工，當然最後的決定權不在我手中。」我跟她說，「你要信靠耶穌，向祂祈禱，靠祂的幫助。」她點頭，努力練習，最後獲得聘用。

後來，Robert想起一個在大學工作的朋友，便把女孩的履歷表電郵給朋友，託轉傳給入學總監。恰巧，大學預留兩個學額，給予一些低學歷的同學。「我再一次訓練她，教她如何表達自己的意向，而且要讓別人知道，雖然自己的成績不算好，但願意將勤補拙。」Robert說，不要看她外表斯文，作弄別人是她的拿手好戲。放榜後明知道獲錄取，卻哭着打電話給他說「無啦！」Robert說着的時候，忍不住泛起笑意。

現在她偶爾傳短訊給Robert，訴說「很辛苦」，Robert只有繼續鼓勵：「向上行的路，一定是辛苦，需要付出。」不過，他也勸勉她，「讀書之外，仍需要找時間上教會，因為『敬畏耶和華是智慧的開端。』」他教導初信的女孩，憑着對神的信心，走這一條看似比較辛苦的路。最近還收到她的短訊，說上教會很開心！

有時候，成人都需要別人的肯定，更何況是年輕人。很多家長對子女的要求過嚴，常常批評他們。即使他們考試取得九十分，也會質問「為什麼不是一百分？」假若家中有經濟能力，家長更會要求子女文武全才，學音樂、舞蹈、畫畫；沒有能力的家長，大多忙着工作，沒有花時間理會子女。「家長的焦點放錯以後，子女會覺得家長的觀念與世界脱節，加上花花世界很多誘惑，所以青少年很容易跌入網羅，這都是很嚴重的社會問題。」Robert 肯定地說。

雖然工作繁忙，但 Robert 有時會跟學員互傳 WhatsApp，

「昨晚有一個任職於挪亞方舟的舊學員，上夜校時，給我傳來一張帶點頑皮的照片。」Robert 笑着説，然後停了半晌，「她的家人未信主，甚至斷言若然她浸禮，便會殺了她。在這條路上，她感到很孤單，需要一個同行者。」這個計劃正正為學員帶來同行者，在困難之中互相扶持。

「師徒創路學堂」幫助學員重拾信心，亦透過觀察同儕的表現，互相鞭策，不甘落後而期望成長。

時下年輕人經常把「不喜歡」、「不知道」、「無興趣」掛在口邊，好像什麼也沒有所謂，缺乏方向。Robert 説，希望學員於「師徒創路學堂」的訓練中，重新認清自己的方向和長處，朝着目標進發。例如喜歡打機的，可以於遊戲機專科工作。他們找回方向，不一定要讀很多書，但必須知道自己在上帝多姿多彩的計劃裏，是屬於哪一格。

每個人的長處都不同，有些人讀書成績不俗，有些人擁有

藝術天分，然而如他所言，很多家長只看重讀書成績，若然子女有其他意向，家長劈頭就說「怎賺錢呀？」「你想唱歌，香港有幾多個歌星？」他們卻沒有從子女的角度思考。「家長的擔心是正常，亦有道理，但若然不讓他們嘗試，怎發掘他們的天分？」

為青年人作好榜樣

雖然企業不能干預員工的私人活動，然而一個人的私生活，還是會影響別人對他的觀感。「我曾跟一間美國公司合作，那總裁輕描淡寫地說『老婆跟了第二個男人，我現在跟我的 PA 結了婚。』當下我心想，這是什麼榜樣？」他說，管理一間大公司，需要運用不同層面的管理學，但自己卻婚姻失敗，難以說服他人。「為什麼可以管理一間企業，卻管理不了自己的婚姻？」他認為，信徒的生活要平衡，以家庭作見證，以事業作事奉。手潔心清，以心建家，以心對人。

他記得，女兒小時候，曾經問他：「為什麼花園這麼多花，你仍然要買花給媽媽？」他告訴女兒，這是爸爸對媽媽愛的表達；「那麼，為什麼要給媽媽開車門？」女兒又問，他回答，這就是愛人、尊重人的表現。心理學家曾說，小朋友學習不是靠耳朵，而是靠眼睛，所以跟他們說話，要重複很多次，但他們能從成人的行為表現感受得到。作為父親，更應為子女樹立好榜樣，保護家庭、愛錫太太。

很多時候，父母不承認自己偏心，然而孩子卻感受得到，就如吳振智牧師曾說：「你偏心，若然願意承認，子女都比較容易放你一馬。」有時，父母發現問題，沒有調查，就冤枉子女，「起初子女還會跟你申訴，但後來已經不願意再跟你說，便轉頭離開。」

很多父母「跟工作結婚」，整天忙着工作，去外國公幹，只在子女成績欠佳時，開口罵幾句。結果，家庭關係愈來愈疏離，子女只會在缺錢時才會找父母。其實，年輕人需要的，不是一個提款機父母，這是成年人應該反省、注意的。而且，父母教導的時候，「應該站在同一陣線，懷着真正謙卑、關愛的心。如果父母的關係不好，子女會對婚姻沒有信心；父母離異，對子女成長的影響更大。」

在子女的成長過程中，父母要幫助、肯定、鼓勵他們，同時，當他們越過了某些界限，父母亦要施以懲罰。「如果子女違反定下來的原則，我們說了懲罰，卻沒有執行，長久下去，他們便不知道界線在哪兒，或者看清了我們的界線就是沒有界線，那麼他們就愈來愈反叛，變得不受管制。」Robert 說，很多大人不懂得如何為人父母，因為上一代亦沒有傳授。

在 Robert 眼中，成人應該嘗試了解青年人的需要；家長亦要明白年輕人的心理、恐懼，不應該只做他的長輩，而是做他們的朋友，「漸漸他們會長大成人，那麼我們就不要仍待他們如小孩子。」此外，現代媒體、資訊科技經常販賣暴力、色情等負面信息，染污了不少青年的心靈，家長應該給予子女正確的教育，適當地跟子女處理性的好奇，「我們應該知道，現在很多青年問題，都歸咎於我們的失職，因為我們疏忽、沒有為他們好好把關，讓色情、暴力資訊進入他們的生活範圍。」說到底，這都是成人的過失，「我們給子女學問與知識，還給予他們接觸高科技的機會，但我們沒有教他們做人處事。」

給年輕人的說話

談到跟年輕人分享的話，Robert 說，「上帝給我們很多好的經文。」例如，〈提摩太前書〉四章十二節：「不可叫人小看你年輕，總要在言語、行為、愛心、信心、清潔上，都作信徒的榜樣。」，還有〈詩篇〉一篇一至三節：「不從惡人的計謀，不站罪人的道路，不坐褻慢人的座位，惟喜愛耶和華的律法，晝夜思想，這人便為有福！他要像一棵樹栽在溪水旁，按時候結果子，葉子也不枯乾。凡他所做的盡都順利。」如果一個人晝夜思想神的話語，他所做的事，都會合乎神的心意；但切勿貪圖快捷，行走歪路，跟着別人做蠱惑的事。

除了思想以外，年輕人還要以行動實踐，踏出創路的第一步。「這些金句對年輕人很有幫助，若然明白，真的會忽然想通很多別人難以解決的問題。」

Robert 相信,「上帝創造我們,每一個人都可以結好果子。」就如香港這自由社會,每一個人都有出人頭地的機會,而社會上的確有很多成功例子,值得年輕人借鏡。

Robert 眼見多年前的學徒,現今成為別人的師傅,他希望將來他們也能成為名師,對家庭及社會作出貢獻。

（左一）雷榮康（Richard），由 MA4 起至今一直擔任工作師傅，現職帝苑酒店餐飲部部長。

（右一）戴啟業（Powell），由 MA5 起至今一直擔任工作師傅，現職帝苑酒店副禮賓司。

「師傅」，根據《商務新詞典》，是老師的通稱，也是學徒對業師的尊稱。

從前在學校，學習書本知識，稱教授者為老師，不叫師傅；離開學校以後，沒有機會接觸老師，也沒有叫過別人「師傅」。「師傅」一詞，好像只會出現於古裝肥皂劇之中，有點陌生。

直至跟隨創路坊為「師徒創路學堂」作訪問，他們習慣以師傅與學員作為稱呼，才第一次確實聽到「師傅」這稱呼。

踏入酒店，登上升降機，升降機門打開，是貴賓的樓層，這處晚上會搖身一變，成為貴賓把酒的地方。房間之內，坐着兩名西裝畢挺的男士，一位是酒店副禮賓司Powell。在MA計劃之初，他跟着上司、當時擔任MA師傅的Fred哥，體驗何謂師傅；到了2007年，Powell正式擔綱；另一位是Richard，是酒店餐飲部部長，從2006年開始擔任師傅。現在桃李滿門，甚至喻為擁有「最多徒弟」的師傅。

參見師傅

自從2003年開始，「師徒創路學堂」的學員都獲安排去帝苑酒店，於不同的部門實習，體驗職場生活。「師傅」，也是「Mentor」，負責督導學員，教授職位上的技巧。師傅由公司分配，不接受員工自行申請。所以有不少員工是被動地成了學員的師傅。

在酒店工作，從來不乏年輕的員工，Richard 跟他們相處，不成問題。「雖然我年紀比他們大，但一直以來，我都不喜歡以上司、下屬的方式相處，反而待他們如朋友，有商有量。」

然而，起初接觸 MA 這計劃，他對「師傅」的角色也感到陌生，只知道實習期間，學員經常跟着師傅。初為人師，對於如何教導，Richard 無從入手，擔心自己無法勝任，甚至影響學員。「平日同事遇上問題，我樂意幫忙，甚至教導，這沒有壓力；但當角色轉換，掛上『師傅』的名銜後，身分不同了，責任亦隨之不同。若然我教導失當，便是誤人子弟，壓力由此而生。」

至於 Powell，他的師傅之路，不如 Richard 般直接。起初，他只是旁觀者，看着上司 Fred 哥，一人帶着三個學員，游刃有餘。從 Fred 哥身上，Powell 得到「師傅」角色的初步概念。後來，他亦被安排作「師傅」，珠玉在前，他說：「自覺經驗不如 Fred 哥，有點擔心，只有儘量把學員教導好，」他笑着補充道：「職責所在，惟有『頂硬上』。」

師傅眼中的年輕人

一直以來，社會上總有不少對年輕人的批評，例如缺乏責任感、缺乏熱誠衝勁等，都傾向負面。師傅與MA學員經常接觸，在他們眼中，外界的批評，與現況亦算吻合。

每一代年輕人都是這份德性：反叛，對成人的説話感到嫌煩。然而，對於成人來説，總無法接受，就如Richard説，「有時語重深長跟他們分享，卻被他們嫌棄，覺得我們很煩。」而且，隨着社會環境改善，年輕人的工作心態，亦跟着轉變。「以前年輕人工作，是為了生活，需要養家，怎樣辛苦也會捱着，工作包含了責任感，也懂尊重上司；現在，生活環境改善，年輕人沒有了養家的負擔，工作大多為了尋開心，不喜歡便辭職。對着上級的態度都與以往不同，愛聽的會聽幾句，否則根本懶得理會。」

Powell形容年輕人，比Richard更具體——港產電影中的「蠱惑仔」：穿着低襠褲，叼着一口煙，於街上大搖大擺。Powell回想，曾經有一位學員，工作時儀容端正，但一走出酒店門，就搖身一變，一頭金毛、戴着耳環，判若兩人。但他沒有因此對年輕人失望，更沒有看扁他們：「他們可以改變，只是需要工作的約束。」

與徒弟過招

每年 MA 學員來實習，師傅總會遇上一批新徒弟，如 Richard 所言，「每個徒弟各有優點和缺點。」在工作以前，師傅往往需要花時間，觀察與了解徒弟，確保他們於實習之中，有所得着。

Richard 數着，曾經遇上的幾個徒弟，有一個女孩子很內向，太多顧慮，不夠集中；一個反應較慢，要多幾次解説，才能領會。一個男孩子明白要求，而且做事上心，但缺乏自信；不過，只要給他機會，他能做好。還有一個，只跟了他三天，但教他的事，很快完成，不問理由，好像《阿信的故事》中默默耕耘的主角。

Powell 在旁，也數了一遍。有一個學員，雖然很精明，但很蠱惑，「曾經叫他幫忙派東西，他就躲在後樓梯，以為我不知，卻被閉路電視錄影。」説着，連他也忍不住笑；一個學員英文水平不佳，缺乏自信，可以獨立工作，但卻不敢跟客人應對。「我曾把一份文件交給他送去中環，他自動出發，不用我催促。只是應付對人的工作，表現就未如理想。」不過，最近遇上一個特別的實習生，只做了三天，卻給 Powell 留下深刻印象，這學員很用心工作，不會游手好閒，「他是最乖的一個。英文不錯，説起英文時都有自信，而且有禮貌。」

面對着性格迥異的徒弟，處理的手法必須多變，要因材施教。當「師傅」幾年，各自累積了不少經驗，總有一些絕技傍身。

知己知彼，是作師傅重要的一環。Powell 説，「首先要摸清學員的性格，如了解他的興趣和強項，對分配工作很有用，我們想儘量安排發揮他們長處的工作。」就如那位信心不足的學員，起初，Powell 讓他獨自工作，待他信心增強以後，才慢慢給予其他類型的工作。

有時，師傅難免遇上「問題兒童」，如何教導他們，一向都是棘手問題。Richard 提到，他部門一位「問題兒童」，「他總是被人責罵，罵得體無完膚，當然他也不服氣，很想反駁『你罵得我唔啱』！」Richard 説，「其實我都會罵他」，不過儘量拉到一邊才提醒，不會在大庭廣眾破口大罵。Richard 會先向他解釋犯了什麼錯，甚至問他「覺得自己應不應被罵呀？」每次被 Richard 罵完以後，「問題兒童」的反應，與平日被責罵時不同，只是垂下頭，不會反駁。

不過，Richard 亦坦言，不是每次都能循循善誘。有時，在緊急的情況，例如客人揚手，他依然毫無反應，他就會把提醒的聲浪提高，説「快過去」，不過「問題兒童」不會拒絕服從。Richard 使用的手法，是受師傅訓練中的內容啟發。師傅受訓時，聽到一個儲錢的比喻，就是平時存入了多少，後來就可以提取多少。師傅平日對徒弟的教導，也是這樣。「平日應該多儲關係的本錢，讓他感到你的關心，而不是動輒就罵，他自然不會抗拒你的指令。」所以即使一時的呼喝，也不會令學員感覺難受，反而有助他反省己過。這也許就是 Richard 的祕訣。

Powell 在酒店的職務之一是協助統領一眾服務生（Bellboy）。旅客進入酒店，還未對酒店有特別印象，就先接觸 Bellboy。Bellboy 的工作，包括看守大門、派發物品、搬運行李等，技巧不算多，但責任重要，往往決定了旅客對酒店的印象。然而，這一代的年輕人，習慣自由，對這種講求紀律的工作，需要一段時間適應；初進酒店的表現，自然與上司的要求稍有落差。

Powell 承認，Bellboy 的訓練方式，與其他崗位相比，感覺較像「軍訓」。「Bellboy 着重紀律，上司要求你做什麼就要去做。而且，我們亦非常重視儀容、守時和禮貌。」Powell 坦言，這三種要求對年輕人來説都是死穴。「Bellboy 每天工作九小時，需要在酒店裏走動，走到哪裏，都被人看到，做錯什麼都會挨罵。」

Powell 對現在年輕人的紀律沒有太大期望。現代父母溺愛子女，紀律方面要求較低，「在家對着父母，或是出外對着朋友，他們都習慣沒有束縛。」不過，投身社會以後，透過職場觀察、其他同事的表現，就知道公司的要求。很多時候，Powell 也利用朋輩的表現來教導新人，但強調「在這裏，被人罵完也許不服氣，但身邊沒有人哄他，學員或許有決心做得更好，不讓別人看扁。」

由於 Bellboy 影響酒店整體形象，所以部門對員工的儀容有嚴格的要求。説到這裏，Powell 搖搖頭，顯然不太滿意，「現在的年輕人，無論髮型、衣着，甚至談吐，都跟以前不一樣。」這些感覺，不盡是成年人的偏見，他們也從酒店承辦的謝師宴觀察到，不論男女的造型和打扮，都讓 Powell 慨歎道：「可能是這年頭的潮流！」

至於年輕人的禮貌，一直為成年人詬病，指他們不分尊卑。對此，Powell 直言，「我覺得他們真的沒有禮貌！」Bellboy 的基本要求是禮貌，見到客人經過要打招呼，一句問安。管理層甚至要求他們，即使沒有眼神接觸，Bellboy 依然需要稱呼人，而且聲浪愈高愈好，「但他們總是教不懂，需要他人提點。」甚至要待客人看着他，才懂得稱呼人。

嚴師益友

至於 Powell 則指出，師傅必須向學員訂立要求，只是要求不宜太多，並要確定，讓學員可以清楚指令。「在酒店業，紀律和服從是非常重要的，例如學員必須守時，儀容整潔，更要面帶笑容。」他補充地說，這都是酒店業的行規，必須跟從。

雖然青年人普遍喜歡以電話短訊或 WhatsApp 溝通，傳一句「對不起，我病了，很辛苦」，加上幾個哭喪着臉的表情，就把生病中的無奈全面展露。但 Powell 規定下屬，如果請病假或遲到，一定要以電話通知。這是要求員工重視工作的責任感，不把私人情感，帶到工作之中。當他說明要求時，甚至質問學員說，「驚打來聽到我把聲咩？」

很多時候，上司的教訓學員未必接受，反而同事轉告和提醒，他們容易接受，所以 Powell 亦會透過朋輩的羣體教育，訓練學員，好讓他們成長。

縱然 Richard 與 Powell 都對學員有所要求，但不代表他們總是嚴肅得不可親近。就如 Richard，避免以上司，或是師傅等身分自居，無謂將一堵牆建立於彼此中間。「師傅可以多花時間了解學員，像與朋友傾談，閒聊也沒有問題，或談家庭，不一定要談公事，這樣容易建立關係。」

他提醒作師傅的，注意溝通時的語氣，處理同一件事情，語氣不同，學員的反應也會不同。性質是提醒，學員可能聽得順耳，願意改變，但若換了嚴肅的態度，則不會接受。

「師傅最緊要有耐心」，他補充道。當學員在工作上遇上問題，師傅應該給予時間，讓學員找出問題所在，而不應立刻斷定學員是反叛的。經驗肯定了 Richard 這兩種相處方式，他自豪地說：「年輕同事都傾向這樣相處。」

Powell 則說，比起 Fred 哥這位前輩，「我覺得自己跟學員的溝通很不足。」但是，平日他對下屬要求嚴格，但下班後一定不會擺着上司的架子。「我覺得，我可以跟他們一起去玩。平時上班，可能比較嚴肅，但下班以後，又可以一同喝酒、唱卡啦 OK。」

給學員的話

過去幾年，兩位師傅都接觸了不少青年人，有些缺乏自信，或是感到前路茫茫。雖然他們總是擺出一副「請勿打擾」的面容，但仍然需要長輩的提點，讓他走得更踏實。

「年輕人一定要有目標，這是很重要的。」Powell 說，在酒店，無論做 Bellboy，或是做餐廳的，都不應該滿足於現狀；而要訂下目標，並因應目標而裝備自己。「你需要預計，幾年以後要達到什麼職位，或是得到多少人工，了解自己的不足，就計劃如何走近目標。」

他續說，有些學員易於滿足，一旦安於現狀，步伐明顯放緩，不夠進取。曾經有一位學員，工作了十年，但情況與初入職沒有分別；另一類學員卻急功近利，一步跨得太大，結果，失敗一來，就難以面對，「有一個學員，起初做 Bellboy，一直希望做前堂部（Front Desk），所以很勤力的學語文。他自知英語水平不好，便不斷鑽研，亦學習不同的技巧。他以為自己能達到某些位置，卻被上司拒絕。最後，他選擇離開，這有點可惜。」

雖然看過一些失敗的例子，但 Powell 同樣遇過成功的例子。有一個學員，是 Fred 哥的徒弟，也是 Powell 最欣賞的一位。他的資質未必很好，卻很勤力。「你給他的詞彙，『Good Morning』、『Good Evening』，他真的有背，連食飯也在背。」一旦遇上問題，他不恥下問，向其他同事請教。另外，有一個學員本是任職 Bellboy，但他向着 Reception 職位的目標進發，報讀課程，亦向上司自薦。經過幾關考試，最終成功，一圓心願。

Richard 也贊成 Powell 所説的，「年輕人一定要有自己的目標。」他慨歎，很多年輕人未必清楚自己的前路，可能今天在這邊打幾天工，之後又轉去新公司，完全沒有想過自己應該做什麼。每次覺得不適合，便毅然轉工，結果浪費了很多時間。「年輕人一定要認清自己的路向，然後就去嘗試。」他續說，「不要像有些人，上班就是上班，叫你去執拾桌子就執拾，卻不知自己在做什麼。每天上班，不是在等待下班，便是等待出糧。來來去去，徘徊於迷茫之中，結果不會成功。」

兩位師傅不約而同地勸誡年輕人要設定目標。即使沒有長期目標，也應設短期目標，從短期開始，一步一步開創自己的路，最終踏上理想的道路。

教學相長

本來師傅的職責是傳授技巧，但所謂教學相長，師傅也許亦有得着。Richard 自覺做了師傅以後，與子女相處融洽了。

Powell 說，在旁觀的階段，看着別人擔任師傅，以為很容易，發現有問題，便叫學員入房，然後罵幾句完事。然而，當他親身投入，卻發現現實不如想像。「原來罵了十幾次，學員都未必明白你的要求，他們嘴上光會說『得得，明白明白。』事後，我終於明白，為什麼他們經常被師傅拉去溝通。」Powell 漸漸了解年輕人，要儘量說得清楚，好讓他們了解指令。

Richard 分享了兩個祕密，「在實習開始之前，突破會安排一次『師徒見面』，地點在突破青年村的體育館，活動竟是攀石，還有踏鋼線之類。我第一次參與時，心想『不是吧，真的要攀上去？』我本身是畏高的，這種活動就是挑戰我的弱項。」雖然如此，Richard 仍選擇堅持和面對：「我和徒弟一起攀，如果我不敢，是說不通。你要徒弟做，也需要示範，如果每次有什麼難捱的，都推徒弟去，而師傅卻光站着，他們一定不會心服。所以，大家要做拍檔，我就一定要出場，就如俗語所謂『頂硬上』。有一次，我們要踏鋼線，我的腿像摩打一樣抖，但也堅持和徒弟一起走。」

另外，他亦透露，面對眾人說話時，不禁怯場。「雖然現在對談好像沒有問題，但如要我於眾人面前立志之類，我會怯場。」有一次，他跟徒弟一起，在突破中心向其他師傅分享心得。當時不禁有點心慌，也不敢正眼看人，不過，「有很多時是迫着自己去做，所以已有改善。」做師傅的路上，雖然害怕，但因為要以身示範，以及與徒弟共同進退，所以「頂硬上」，卻從中突破自己的局限。

訪問較原定長了，離開房間的時候，門外站了一班服務生，準備把會客室變身成貴賓酒廊。酒店的工作，總是流動不息，沒有靜止的一刻。離開的時候，想起師傅的分享，不禁聯想到韓愈的《師說》，「師者，所以傳道、受業、解惑也。」但也許他說漏了一點，若然為師的，能身教，與徒弟在創路時同行，這位師傅傳授的就不只知識與技巧，更能建立一個人，那才是師傅們最大的成就。

（左）常晉軒（Kelvin），2010 Mini MA 學員，現為自僱人士。中間為工作師傅 Richard。

訪問的時候，一個打扮入時的青年，坐在兩位師傅 Richard 和 Powell 旁邊，一直默默留心聽着，他就是末代會考生 Kelvin。

當師傅 Richard 細數歷年教過的徒弟時，不禁看着 Kelvin，「他轉數快，但比較輕佻，不夠穩重，説話浮誇。不過，現在也改變了很多。」説完以後，二人相視而笑。

年輕人的反駁

作為年輕人，對於師傅指年輕人工作只為開心，又缺乏紀律，Kelvin 沒有異議，但仍有自己的想法。

現時正在創路旅程上的 Kelvin 相信，工作是一種倚靠。「一個人總不成一輩子都靠父母，在家中白食白住，終日吃喝玩樂。人總有自立的一天，就算玩樂也需要使費，為什麼不去賺錢？」他説，從小就聽父母説，長大以後要不讀書，要不工作，總之不准閒賦在家。

當他知道自己不能再升學以後，就決定要找一份工作。「要是我整天躲在家，只會遭父母責罵。」他坦言花了父母不少錢，不想再整天伸手要錢。相反，他想給父母家用，「雖然他們不稀罕這筆錢，但這代表一點心意，如果家中的經常開支當中，我負責其中一份，例如水費，起碼沒有白吃，亦對家庭盡上一點責任。」

他是末代會考生，成績強差人意。當時，學校的牧師問他，要不要參加職場受訓。從小不喜歡讀書的他，覺得 MA 的計劃不錯，便參加了。計劃初期，導師老説要尋求方向和意義。他聽了就覺沉悶，認為不過是老生常談，沒有實際效用；但被長期灌輸以後，當他去到職場受訓，不自覺想起導師的話，漸漸了解當中的含意。

MA 訓練期間，一次學員玩了一個名叫「Service Bingo」的遊戲。遊戲紙上有九格，學員模擬到不同的地方做工，再看老闆（由導師扮演）如何評價。當時，Kelvin 嬉皮笑臉，要嘗試不合適的職業，工作的態度亦有點散漫，結果，很久也沒有受聘。後來，終於找到一份工作，卻因「出蠱惑」而被辭退。工作要求學員 / 員工用筷子從一碗裝滿五顏六色的珠仔中，依照指示夾出珠仔並分類儲放，目的要學員體驗有時工作看似簡單，但仍需我們付出耐性、細心和服從的工作態度。那時，工作人員恰巧離開，他便用手去拿，被人發現，結果被炒及記錄在履歷表上。

Kelvin 想起往事忍不住笑了。「我喜歡走捷徑，就是『練精學懶』。當我看見別人花很長時間去完成一件事，我總想找捷徑，後來才發現，有些事情是沒有捷徑，一定要花時間完成。」談到 Kelvin 的急性子，以為他實習時一定碰釘，坐在旁邊的師傅 Richard 卻説：「我們負責咖啡室，講求速度。很多時候，不只他，一些具經驗的同事，都想盡辦法要做得更快。」公司規定服務員拿水給顧客時，需要用托盤，但有時客人坐得很近水吧，同事便想直接拿水杯，送到客人面前。「如果他懂得這樣做，我覺得他都適合在咖啡室工作，我不太抗拒。惟一不太滿意的，是他的態度比較輕佻，沒什麼禮貌，不跟人打招呼，我也收過一些投訴。不過，後來他改善了很多。」

今天，工作經驗豐富了，人也成熟了，Kelvin 開始明白「快」與「好」之間，沒有等號。「有時，工作的時間可能短了，但隱藏了很多問題，連自己都不知道。後來，問題出現，給同事帶來不少麻煩，這對他們也不公平。」現在的他，不只要求速度，更希望做得好。聽着 Kelvin 的説話，覺得他有着與外表不符的成熟，但多談一會，卻發現他骨子裏，還是與時下的年輕人沒有分別。

師徒緣

Kelvin 可記得與師傅的第一次見面？他笑言對師傅的印象，可能停留於小時候參加黃埔軍校受訓的經驗。MA 分組的時候，其中一個學員看見自己的師傅，立刻説：「嘩，阿伯，

點溝通 ?! 」而 Kelvin 則分派給 Richard，他憶起，第一次接觸師傅，是在突破青年村攀石的時候。「初時，我覺得師傅很嚴肅，應該是經常罵人，很少讚賞，而且不會花時間與我閒聊的大人。大家都擔心不知道怎樣相處。但相處後，發現跟師傅沒有所謂的上司下屬，我做得不好，他願意教我。我覺得幾好。」

與師傅相處的日子不短，問 Kelvin 難忘的經歷，Kelvin 沒有頭緒，師傅 Richard 卻提他：「被罰了一千五百元那次，算不算？」Kelvin 笑了，徐徐解釋，「那次，午飯以後趕着工作，便隨手把煙蒂扔在職員通道門口。一位帶着黃頭盔，像地盤工人裝扮的職員經過，說是便衣衞生幫辦，我就這樣被罰款。」起初，Kelvin 想逃走，但是穿着公司制服，根本無處可逃，只好站住被「抄牌」。回到辦公的地方，Kelvin 第一時間向師傅訴苦。Richard 這時候開腔補充：「這很不值得。我提醒他要醒目一點，走前幾步就有煙灰缸，他又懶得走。其實，我覺得整件事也很無謂，就這樣被罰款。」

工作上，一位是師傅，一位是徒弟，私下，他們卻打成一片，沒有所謂的代溝。「他要求我，叫他起牀上班，不要打電話，WhatsApp 就好了。」Richard 笑說，這是為徒弟留有轉圜的餘地。如果真的起不了牀，仍可以當作是看不到信息。這種溝通方式獨特之處，在於提議的是師傅。

Richard 續説，「雖然打電話説幾句很方便，但青年人就是不喜歡，總愛手指在手機上『篤篤篤』，覺得傳完一個短訊，就等於完成了一件事。那麼，我就迎合你的要求，你要這樣，我就這樣。」他讓年輕人享受需要的空間，利用 WhatsApp 溝通，不用他們頃刻回覆，待信息消化後，才慢慢回覆。

「早陣子沒有見面，聖誕節也特意 WhatsApp 一句『聖誕快樂！』給 Kelvin。」

怒火青年

Kelvin 亦坦言，「我喜歡以朋友的方式，跟師傅相處。」離開酒店以後，他去了中環一家餐廳當廚師。有一天，「大佬」外出辦事，回到餐廳後，發現一些問題，以為是 Kelvin 做錯，遂於客人面前責罵他，叫他滾。那時，Kelvin 剛上班不足五分鐘，不知就裏，結果一時火起，便拍桌子反駁。Kelvin 生氣，一方面是遭「大佬」誤解，另一方面是源於廚師的尊嚴，「那是一個開放式廚房，你不尊重我，在客人面前丟我臉。作為一個廚師，我有自己的尊嚴，他這樣罵我，算什麼？」一怒之下，他就離職。

或許聽罷 Kelvin 的經歷，會讓人目瞪口呆，認為他這樣一走了之並不恰當，但 Richard 卻認為成人要認識到，青少年同樣重視尊嚴、需要被尊重，「現在的年輕人都不喜歡別人與他們硬碰，我們要以友善的語氣傾談。」

Kelvin 曾經跟朋友談起，認同若能與師傅像朋友般相處最好。一旦劃分了上司下屬，就很容易發生衝突，他笑言：「我性格一向火爆，如果你罵我，我很容易上火，但以朋友身分勸我，我願意作出改變。」

這種情況，不只出現於職場，家中亦如是。家中有孩子的人或許亦曾經歷，他們説一百句，都不及朋友的一句。事實上，年輕人覺得家長都是舊思想，不明白年輕人的想法，只有同輩最了解自己。説到這裏，Kelvin 剛才的火氣不再，認真地道：「年輕人想法不及成人的全面，也不夠深入，容易被人誤會想唱反調，所以成年人容易忽略青年人在説什麼。」

事實上，年輕人不是喜歡與成人搞對抗。只是上一代很多時採用管教形式，年輕人不容易接受。何況家長有家長的一套，年輕人亦是，為什麼硬要對方按自己的方法？若大人以朋友角度，跟年輕人分析，説不定更能奏效。當彼此關係拉近了，青年人感覺得到諒解，還是會願意作出改變的。

尋找自己的路

MA 畢業以後，Kelvin 由廚師轉為自僱人士。這轉變，源於對生活的要求，以及期待一份合理的薪酬。

當廚師的時候，Kelvin 問過一些師兄，發現儲了幾年經驗以後，薪金只比初入行時多上一、二千元，連「大佬」的頂薪亦只得兩萬多元。「為什麼一星期工作六天，每天在廚房十二、三小時，沒有自己的生活，薪金都不過一萬多元？」Kelvin 跟一般男生一樣，喜歡打機，在那段上班的日子，他回家後就疲勞得很，連電腦也懶得開。這樣的生活，Kelvin 接受不了，「與其賣時間給別人，為什麼不嘗試其他可能性？」Kelvin 自信有自律，不會整天遊手好閒，曾做過不同類型銷售的他，便設法找一條適合自己的路。

在機緣巧合下，Kelvin 認識了一位朋友，那朋友曾跟一位師傅學習製作真皮銀包、手袋十多年。師傅經驗豐富，客人之中不少更是明星。有一次，那位朋友對 Kelvin 說，這門手藝大有前途。他回家想了一晚，第二天，便親自去找師傅，了解學習過程；而師傅亦訝異，為什麼年紀輕輕的 Kelvin 願意拜師，加入這門少有年輕人投身的行業？最終師傅決定收他為徒。Kelvin 說，這門手藝，全港只剩下四個師傅，其中三個已經八十多歲，這個師傅算是年輕，只有四十多歲，仍然可以授徒。

從廚師路走上做皮革的路，這完全是兩碼子的事。Kelvin 自信地說，「我現在才二十一歲，有的是青春，根本沒有什麼代價，最多只是浪費時間，為什麼不去嘗試？難道等我成家立室才去嘗試？」就趁着還能承受風險，他決定闖一闖。

Kelvin 直言對賺錢的慾望不小，薪金是他不想當廚師的其中一個原因。「我賺錢不是為吃喝玩樂，我想擁有自己的一盤大生意。」曾經有人跟 Kelvin 說「會考你兩分，我零分，其實分別不大，都是被人當『地底泥』，被看扁。現在我出來工作，一定要做得更出色。」他一句話把 Kelvin 喚醒。那人出身綜援家庭，是家中獨子，中五以後，考了保險牌。這位朋友現在有相當不錯的收入，擁有自己的物業，讓雙親可以退休享福。朋友的成功經歷，鼓勵了 Kelvin 繼續創路。

在 Kelvin 心中，賺錢是重要，但背後更想賺取一份認同、肯定。做皮革，最重要還是尋找客源。客源是一個網絡，所以他對每一個客人，都絕對專注。貨品一定要做到最好，做得好，別人自然會再下訂單，或是向他人推介。若然嫌棄別人訂費太低，就馬虎了事，那麼，完了就是完了。曾經有一位客人，向 Kelvin 訂製一個錢包，他打價五百元，但後來發現，單是材料費已經超過八百元。雖然這宗是蝕本生意，但雙方早有協議，他沒有再加價。「這是我的原則，寧願這次蝕了，當是買經驗，下次打價更加準確。」

現在做皮革生意，Kelvin 寧願蝕錢也不願放棄誠信，期望客人可以帶來更多客源。那麼，誠信的重要，對他來說，是期望被人認同，還是個人的性格使然？「我想被人認同，雖然我讀書不及人，但不代表我注定跑輸。我只是讀書成績不夠高分，字體不夠別人秀麗，但行動不會輸給他們。」

成為自僱人士後，他多了機會接觸其他同路人，他從這些人的身上得出一個道理，「你賣產品，不如賣人品」。為此，他開始改變自己。從前的他，說話浮誇；現在踏實一點，穿上西裝，說話有條理，對答如流，沒有粗言，他相信：「我以後推銷，別人都會對我更有信心。若然我的人品好，我賣的產品，別人自然也願意接受。」

作為 Kelvin 的師傅，Richard 對於徒弟走上自僱的路，亦表示支持。「我覺得不錯，趁年輕闖一闖，找一條自己的路。很多時，我們都需要嘗試，才知道自己適合做什麼，多些嘗試都是一件好事。」

青年人的贈言

Kelvin 作為 MA 的師兄，他對資歷較淺的工作師傅，或是準師傅，又有什麼話想說？ Kelvin 想了一想，「作為師傅，千萬不要裝腔作勢，擺架子，應以朋友的方式相處。」這不就是

Richard 所用的方法？Kelvin 的回答印證了 Richard 的理念：「現在的年輕人，都是受軟不受硬，對他惡，他可以更惡；你打他，他一定還擊，但若你和善地跟他說，他會自己分析。」

訪問到最後，提到其他經歷相似的年輕人，他勸說，不應只着眼即時利益。「很多朋友失業，爭着去電器店工作，因為那裏的起薪點是一萬四千元，但我跟他們說，現在一萬四千元的確不錯，但幾年之後，就算升為店長，也不過是一萬六千元。」當然，有些人的想法不同，起薪點可能不如他人，但只要願意捱，之後獲得的機會，卻較其他人更多。「很多人做售貨員，是因為底薪高，一個月下來就有萬多元，但若有日成家，那萬多元就捉襟見肘。為什麼不肯搏一搏？」

雖然 Kelvin 是年輕人，但他的想法，與師傅們無異。他認為年輕人要把目光放長遠一點，每天也應該思想自己有什麼得着。上班不應單着眼於薪金，因為薪金的數目不會一成不變。「不要活在這一秒，可能你覺得現在『蒲老蘭』很開心，但有沒有想過以後要怎樣？」他確信這個世界不停進步，若然不進步，就會被淘汰。

Kelvin 言談間，表達了他相信工作不但為賺錢，年輕人還要尋找賺錢背後的意義。就像他，他不諱言自己需要豐厚的收入，為了將來的生活和家庭，不單為當下的享受。這也是他對創路青年的寄語。

3

家校同行

學校是青年人成長不可或缺的場所，無論工作知識與技巧的培育，抑或學識的灌輸，都可以培育青年人的生命素質，達到「先學做人，再學做工」的目標。中華基督教會公理高中書院為第四及五屆 MA 學員提供課堂訓練，校方也積極推薦學生參加 Mini MA，他們會分享箇中體會。

家庭，是影響青年人志趣和發展一個不可忽略的元素，家長要注目的不只子女能否升學和做什麼工，更重要是培養子女的效能感，使子女相信自己也可以創路。其中一位學員會與媽媽一起分享創路過程中的同行故事。

生命因你們得以改變

嚴任愛麗
X
陳德義

（左）嚴任愛麗，中華基督教會公理高中書院升學及就業輔導主任。

（右）陳德義牧師，人稱 Ben 叔，中華基督教會公理高中書院校牧及學生支援總監。

「牧師、嚴太，我是李塏楹。」面對一個說話充滿自信、聲音鏗鏘的女孩子，實在令我們眼前一亮，心中充滿感恩。李塏楹，一位害羞、嬌滴滴的女孩，乖巧、柔弱、受盡家人關懷保護、沉默寡言，典型的鄰家少女模樣。記得在高中二年級入學面試時，與她家人對話比她還多。想不到在高中三年級中學文憑考試結束後，她參加了 2012 年「想創未來 —— 暑期職場體驗計劃」，便出現了這樣的效果：自信和願意主動與人溝通。到底體驗計劃裏發生了什麼，以致能製造出這樣一個驚喜？同樣的改變，亦發生在其他兩位同學身上。徐嘉敏是一個性格隨和及勤奮的學生，但沒有明確目標及方向，亦不肯定中學文憑試後的升學去路，參與職場體驗計劃後，她變得自信及踏實得多，亦認識了自己的興趣和能力，現正修讀她心儀的人力資源副學士課程。結業時獲得「突破自我獎」的蘇雁盈同學，能夠完成職場體驗計劃，對認識她的老師、社工及同學來說，真是一個突破，她沒有再被身體的軟弱成為她做事的絆腳石，小小目標一個一個地達到，深信這個體會，雁盈終生受用。

其實，這樣的感動，已不是第一次。2010 年 5 月至 8 月，經班主任游說及推薦，五位中五會考同學：李沛琳、李嘉亮、施卓明、劉柏呈及常晉軒，參加了「想創習作 —— 青年職場體驗計劃」，他們參與的目的不一：體驗一下在大機構工作、打發等候放榜的時間，有些更是無目的的跟隨者。但到了結業分享會，發現五個小伙子已不再是人云亦云、隨波逐流的青年人，職場體驗計劃讓他們了解自己，找到合適自己的發展方向。特別是劉柏呈同學，他獲得「擁抱新地獎」時分享他如何透過活動，找着自己的目標，並下定決心努力學習發展他的社工路，實在令人動容。他們的收穫，要多謝突破同工及職場的師傅，他們付出的愛心、耐心及勞力，並沒有白白浪費。「先學做人，再學做工」的道理，相信同學們都會緊記心坎。

中華基督教會公理高中書院在 2006 及 2007 年與突破及新鴻基地產合辦「師徒創路學堂」，我們有共同的信念——有教無類。我們希望培育學生活出豐盛的生命，明白生活的意義，並作好個人的生涯規劃；過程包括重整生命，建立學問，並推展實境教學法；又讓學生參與工商實習，以不同機構為學堂，冀能提升學生職業技能及良好工作態度的理念。這些對一班考試成績稍遜的中五畢業生而言，確能幫助他們建立自信，探索個人職業路向及讓他們踏上成功進修及就業之路。本校曾有一位資訊科技支援同事，也是「師徒創路學堂」的畢業生。他的工作態度認真、積極，並且一直進修相關課程，獲取資歷。深信「師徒創路學堂」的訓練，不單提升同學的語文及人際關係溝通能力；也透過活動，讓同學認識自己的興趣及能力，思考工作及事業的發展方向，亦透過職場實習，認識工作世界，以致能持續發展，規劃人生。

職志教育的實踐

高中教育其中一個使命是幫助青少年在求學階段中成長，並順利過渡進入成人社會及工作世界；此外也要培育青年人充滿自信、富責任感及找到發展目標及方向。崔日雄博士於2012年發表之「事業發展準備量表」研究報告[1]，幫助我們了解香港現時高中學生的事業發展準備狀況。他建議由於高中學生於文憑考試放榜前，普遍未有為將來出路作籌劃的實際經驗，我們需要及早介入，讓青少年提早思考自己的發展方向。特別是成績中游學生，在升學方面，他們比成績理想的同學限制較大；但在就業方面，又有別於升學機會較低的同學，他們未必預期自己會在短期內就業。結果中游學生在事業發展有較多掙扎，學校需要提供有系統的職業志向輔導，才能有效協助這些青年人為未來發展作好準備。

中華基督教會公理高中書院推行「職志教育」，在課程策劃中，加入職志發展元素，除了藉校內之學習及經歷，讓學生探索自己的性向、興趣、價值觀及志向等，課程亦融入「工商實習」，幫助同學認識工作世界、職場環境、社會趨勢及工作要求，為將來升學及就業作好準備。本校的理念與突破「師徒創路學堂」不謀而合，從參加「師徒創路學堂」的學生及本校參與「工商實習」的同學分享中，發現青年人透過親身參與體驗真實工作環境，並得到職場師傅及老師的關懷引導，確能幫助同學刻劃一個清晰的升學及就業藍圖。可惜現今一般主流教育，較注重學業成績、心理健康和行為表現，普遍學校在人力資源及教學時間限制下，對協助個別同學建立自我及探索個人職業路向，都較少着意，「師徒創路學堂」一系列事工，正好彌補當中的不足。

年輕人需要人關心和幫助他們建立自己，完成「師徒創路學堂」的同學，都發展出一份堅持。他們在過程中，要學會坦誠面對自己，了解及承認自己的強項及軟弱的地方，自我接受，自我啟發，塑造正面的自我形象。作為教師，陪伴他們成長，用愛心和耐心與他們相處，對他們有信心、有盼望、有要求，透過不同的活動平台和途徑，讓同學有空間去表達、去嘗試、去發展，喜見同學能建立良好的品格和態度，為自己開創更美好明天奠立了根基。

「師徒創路學堂」一系列事工，對協助個別同學建立自我及探索個人職業路向有很大的貢獻。在此，再一次向參與「師徒創路學堂」的所有突破同工及職場師傅説句「多謝」，同學們的生命因你們的努力得以改變，願主繼續祝福你們。

註 1：崔日雄（2012）：「事業發展準備量表」研究報告。香港：香港聖公會福利協會。

將不可能變成可能

胡梁美珍
X
胡健昕

（左二）胡梁美珍，Mini MA 學員健昕的媽媽，現職文員。

（右一）胡健昕，2010 Mini MA 學員，現於國立台灣師範大學修讀體育學系一年級。

充滿感恩的生命

兒子初出生時雖然只得五磅一安士，但是身體健康，一切正常，我立時感謝上帝，祂賜我和丈夫一個健康精靈的寶寶，這是恩典。我內心充滿喜悅，我們得了神的產業。在照顧寶寶的路途上縱然有挑戰，但我仍很享受當中的過程，逐漸能自如且熟練。這小生命豐富了我為人母這身分的成長路。

佻皮小屁孩

我出生於 1992 年 1 月 15 日。很開心爸爸、媽媽把我帶來這個世界，我相信這一切都是天父的安排，我生於基督教家庭。出生不久，父母已將我領到神手中，讓我接受水禮，每星期帶我參加教會聚會，所以從小我已相信神的確存在。我對兒時的印象不太清晰，只是從媽媽口中得知我那時候很頑皮，是個常常把他們弄到很氣結的小屁孩。我帶給他們很多煩惱：我曾因貪玩把一把雨傘從四樓扔下去，差點就擊中途人；我試過逃學、沉迷電子遊戲、把人家的廁所弄壞等等。對於如此頑皮的我，父母卻用無限的愛去包容，並一直陪伴我成長，培育現在的我。

父母的期望

打從兒子小一開始，我們夫婦二人對他有很多期望，希望他讀書成績卓越、可以上大學、多才多藝，總之自己未能完成的夢想，都期待他代我們去實現。從小一至中一，我們帶他參與多種課外活動，例如：鋼琴、繪畫、獨木舟、乒乓球、花式單車、足球、籃球、游泳等等……希望透過多方面嘗試，找出他對哪方面較為感興趣，從而按照他的喜好去培育。這階段的孩子還容許父母替他作主。然而，孩子升中二後一切都改變了。他變得反叛，我們認為對他好，為他安排的東西，他都不順從，只喜歡按照自己的想法去做。他開始沉迷打機、夜蒲、逃學、與學校老師搞對抗。我們常常訓示兒子，人需要互相尊重，父母尊重你，也需要得到你的尊重，這句話常掛在我們口邊。但他就是對我們不尊敬。

尋找所愛

小學的我活躍個性一點不變，仍然喜愛跑跑跳跳。然而讀書是「靜態」的活動，當然不能吸引我。幸好在父親的嚴厲管教和補習班，雙管齊下，才幫助我保持不錯的成績。那時父母安排了很多不同的課外活動，不過我對這些根本沒有興趣，接觸得比較多的是乒乓球，更成了校隊成員，曾經拿下校際比賽亞軍。我憑藉這項運動獲得很多師長、朋友的認同以及支持，得到很大成功感。

小學畢業以後，我有幸升上區內一所不錯的中學，爸媽理應很開心。不過，中一時我開始反叛，對讀書失去興趣。我開始有夜生活，經常喝酒，常常跟朋友玩至通宵達旦，不願回家。我沉迷打電子遊戲，試過早上八時玩到晚上十一時，連續十一個小時沒停止，也為此一星期逃學超過三次，連教會也不上。父母試過用強硬的手法管束我，但我的反彈更大，最終他們既管不了我的學業，也不能管束我的生活。

那時惟一吸引我的就只有運動，我仍是乒乓球校隊成員，而且表現還不錯。但是，自我對籃球興趣轉濃就沒有打乒乓球了。有一次，我校有班際籃球比賽，我代表己班出賽，但是表現不佳。因在籃球場上表現失意，我失去了從前打乒乓球得到的認同和讚美，那種感覺真的不好受。從那一刻開始，我決定要在籃球場上發光發熱，直到人們都認同我。無奈的是，學校的乒乓球隊跟籃球隊的練習時間相撞，我必須要二擇其一，那時我想都不想就放棄了乒乓球。可是事情並不如我想像中順利，我在校隊的表現一直都不好，常常被教練忽略，這種挫敗感是我以前在乒乓球隊不曾感受到的。看見隊友打籃球打得那麼好，我不認輸，所以拚命打。結果初中三年都是圍繞着籃球、電子遊戲和夜生活。可想而知，我的成績一落千丈，中三後被學校放棄，要另找學校升學。

憂心忡忡

兒子在反叛時期對課外活動不感興趣，成績一落千丈，已使父母擔心不已，但最令我們擔心的是他整天待在家打機，廢寢忘餐，自然未能在原校升讀中四，後來經由電腦隨機派位，派到一所他不喜歡的中學，他流下失意淚。這次是兒子人生中第一次經歷挫敗，那刻我陪伴在側，四處替兒子尋找合適學校，屢試屢敗。不但兒子經歷挫敗，就連作為母親的我也一樣。還記得其中一所中學的訓導主任冷言冷語：「我為何捉隻老鼠入米缸！」當時，我確實無話可説，惟有同兒子離開，到校門外，我忍不住流下眼淚。

我鼓勵兒子接受電腦派位的學校，「不理想的學校，都會出好學生，可以由你開始。」兒子初入學的兩個月滿有衝勁，但幾經努力成績始終未如理想，他又回到打機、逃學的狀態。最終他要重讀中五。

對兒子的反叛，我感到非常困惑。於是我報讀很多親子課程，盼望從中汲取相處技巧。還記得一次在家中因功課問題，母子都各持己見，更吵起架來。此時我回想親子課程的教導，其中一課提到關懷別人，思而後行和期望美善等。所以我先平伏自己的情緒，用溫柔的語調向兒子説出自己的感受。兒子的態度隨即改變，然後大家便一起商量解決功課問題。我明白到用和平方式去解決問題，有事半功倍之效。於是，我學習接納兒子反叛時期的難處及困擾，用愛心包容引導兒子成長。

機會何處尋

經過重重困難，終於有學校取錄我讀高中，那時我決心戒掉玩電子遊戲跟夜生活的壞習慣，希望在學業和籃球兩方面一起努力。可惜，這個發奮的狀態只維持了短短兩個月，之後打回原形，惟有練習籃球的熱情不減。當時有一個教練賞識我，邀請我跟他校外的球隊一齊練習。接着兩年，我的籃球技術突飛猛進，成為球隊主力，很多同學跟朋友對我刮目相看，我得到了前所未有的成功感。於是我繼續在籃球場上努力。學校成績卻每況愈下，我心知不能升讀中六了，便萌起赴台灣讀體育的念頭，因為台灣比香港重視體育發展，師資和水平都很高。香港沒有職業籃球，而台灣有職業聯賽SBL。高中體育老師亦認同我的想法，於是我就決定去台灣修讀體育。

我目標的大學是國立台灣師範大學的體育學系。但是申請過程一點也不簡單，首先我必須得到大學的僑生先修部取錄，還要通過一年內幾次的考試，並取得一定成績水平才能進大學。

一小步

2010年初我鼓勵兒子參與突破機構舉辦的「想創習作」，希望幫助他建立自我，更有效一步一步向理想進發。訓練期間，我特別留意他有什麼轉變，我發現他變得有自信、有方向、會堅持、懂得訂立目標、思想變得成熟等。我感受到他學習關心父母、懂得噓寒問暖，更會擁抱父母 。

兒子有機會在商業機構實習體驗，加上工作師傅的提點，他成熟了不少。課程當中他認識了很多學員、導師、工作師傅，成為兒子的同行者，不斷支援及鼓勵他繼續追夢。兒子今天懂得珍惜光陰、勤力上進，實在有賴同行者的支持、鼓勵。

「想創習作」課程接近尾聲，又適逢末代會考放榜，兒子的成績是一分，未能升讀中六，怎料申請到台灣讀書又不獲取錄，面臨雙重打擊，他非常徬徨。難得他抓緊課程中導師的金句：「你不控制困難，困難便控制了你！」和「今天的成就無非是昨天的不可能。」成為他前進的座右銘。加上在課程中結識的一羣生命同行者，使他在困境中得着支援、肯定，度過了幽暗的日子。他仍堅持到台灣讀體育系的理想，結果2011年終被國立台灣師範大學取錄。

兒子自小都很喜歡運動，在他尋找理想的過程中都離不開這領域，我們一直給他適當的空間，不會強迫他唸一些不喜歡的學系，希望孩子有愉快的學習。運動對他而言，是一種享受，可以激發他生命裏的熱情和動力，亦帶給他成就感。

在風雨中學前行

透過「想創習作」，我認識到一羣重視我的好朋友，還有疼我的導師，短短半年，他們一直陪伴着我，教了我很多。最重要的是我在課程中肯定自己的夢想：職業籃球員。

可是我不但沒有被僑生先修部取錄，在末代會考更只得一分。那一年算是我人生的低潮，慶幸我有導師的兩句金句傍身。我決定重新上路，首先報讀毅進的紀律部隊課程，期間練跑步、練游水、練體能，目的是好好裝備自己；等候下一年再投考國立台灣師範大學。翌年我終於達到目標了，考進國立台灣師範大學的體育學系。

大學生活令我既興奮又期待，因為我向夢想又前進了一大步。學期一開始我就加入學校的乙組籃球校隊，目標是升上甲組，然後再爭取踏上職業舞台的機會。在校隊練習的首半個學期，我發現自己沒有明顯進步，在球隊裏面只是一個小角色，得不到教練跟隊友的認同，很不開心。這個感覺跟高中的時候落差很大。在體育系要學習不同的運動，例如田徑、游泳、體操等等，同時要兼顧學業。這令我不能只專注在籃球上，我怕這樣有礙我達到目標。所以，我退出籃球隊轉去參加乒乓球隊，希望可以尋回在籃球上得不到的認同感。但兩個星期後，我也為同一原因放棄了，就把所有精神專注在學業上。學期結束，我得到不錯的成績。但這種來回兜轉使我感到迷失，不知道自己在做什麼，好像一天過一天，天天都一樣，有天晚上我忍不住哭了，感到夢想好遙遠，已不再是自己想要的。

幸好，我在台灣認識了一位馬來西亞朋友，他帶我上教會，令我重新回歸上帝。之後我一直向神禱告，希望祂可以指示我真正需要什麼。在禱告中，我逐漸醒悟過來，發現自己原來一直都為了獲取別人認同和讚美而努力，小學是為得到師長、同學的讚美而打乒乓球；中學就希望得到朋友的認同而苦練籃球，到了大學原來也只想着要得到有實力的人認同，而設法走上職業籃球員之路，這些都不是自己心裏真正的渴望。驚醒之後發現，這條路根本走不下去，我應為自己的興趣而打球。

讓孩子飛

兒子獨自前往人地生疏的台灣，繼續追求自己的夢想。路途當中自然遇上不少困難及挫折感，要學習獨立，但又想念家中父母，在情緒上需要處理及支援。可惜我們不能陪伴在側，但感謝神，兒子尋求神的幫助，重整自己的尋夢方向。

他希望未來可以推廣運動，扭轉社會只重經濟忽略運動的風氣。希望令下一代認識運動的好處，熱愛運動，培育出更多對運動有承擔的人。

人生召命

大學生活跟我想像中真的很不一樣，原先只期望接受籃球訓練，但原來大學裏有很多很多東西可以學，從中才發現自己有很多不足，何等渺小。成長過程中我好像走了很多迂迴曲折的路，但我學會珍惜當下，正如在「想創習作」中的理念「先學做人，再學做工」，我希望好好運用未來三年半的大學生活，探索和發現自己，與神建立更親密的關係，生命被神塑造，回復本來真我；亦好好學習語言，接觸更多不同領域的事物，培養個人專長，向着人生最終召命進發。

總結

鄧淑英

前創路坊經理 / 師徒創路學堂校長

創路（Pathfinding）是一次生命歷奇的旅程（Adventure Journey）。

當你站在山腳，尋找可以上山的路時，最初必然茫無頭緒，忽然你隱約看見前面有路，礙於過往的經驗，你懷疑自己能否走上去；然而得到身邊的同路人陪伴及鼓勵，你也勇於試試。走一會後，前面的荊棘令你感到懼怕，想放棄，心中有個聲音：「下山的路好像更容易」，但當你敢於面對自己的軟弱，勇敢堅定排除萬難，一直堅持前行時，你將一步一步接近自己心中所想，所嚮往之地，恭喜你，你成為一個「創路者」（Pathfinder）。

過去十年，我看着學員及導師成為真實的「創路者」。

學員及導師——創路者

最難忘是課程開始時，學員帶着面試時那份無助及落寞，學員經過約十個月的全人培訓課程，當中起起伏伏，與導師千絲萬縷的傷痛及親密關係，這種亦師亦友的關係在我們當中一點一滴的滋長起來。他們一步一步創出自己的路，畫出自己的生命藍圖。每次在街上、突破機構的活動，或是 MAP 重聚的活動中見到他們，他們都親切地向我述説他們的創路歷程。我很欣慰他們都願意面對軟弱，勇敢前行，一部分學員更積極參與突破運動，成為突破的一份子。除了在本書中分享成長故事的學員外，其實有很多「名不經傳」的學員，雖然他們的名字沒有出現，但他 / 她們大部分都默默的裝備自己，在工作崗位中努力工作，畫出自己的生命藍圖，我也祝福他們能展翅高飛！

這十年來，導師也在創路。當導師們真誠地面對自己心中的夢想時，他們都邁出不同的創路之旅。有的看見家庭及輔導的需要，繼續進修輔導專業；有的看見生命牧養的需要，便進修神學，服侍教會；有的看見泰國青少年心靈救贖的需要，就義無反顧的裝備及上路，還有很多很多……他們每一個都在面對自己內心真實的呼聲，作出人生另一里路的選擇。留守創路坊的同事，熱衷工作，心中對青年人的熱情始終如一，在創路計劃中堅定地與青少年同行。作為計劃的總負責人，為着過往十年中遇過的同事及學員，獻上無限的感恩與祝福。

無論是離開，還是留下，都是創路者，重點是知道呼召我們的主，怎樣在我們人生路上，繼續與我們創路同行。

「寶盒」引領的創路之旅

我一直努力學習做個創路者，感謝神賜大無畏的精神，開展這個與眾人同行的個人創路之旅。

我還未進入突破機構前，是一所 Band 1 英文中學的資深老師，擔任訓導主任，也是學校的中堅分子。在主流學校的價值中，學生成績差、操行差，都令學校十分煩惱，希望「請」他們另覓出路。對於這一班「折翼」孩子，當時心中一直充滿憐愛。在我的信仰價值觀中，他們每個裏面都藏着一個「寶盒」，只是他們不知道，也從未打開，加入突破就是希望與這些年輕人同行，與他們一起打開生命中的「寶盒」。

進入突破機構初期，一直都是負責關顧一些輟學及「低成就」的青少年。到了 2003 年，我晉升為創路坊經理，帶領隊工一起建立「師徒創路學堂」。當時充滿掙扎及恐懼，但當看見前面的異象，也看到充滿熱情的團隊，於是我也展開自己另一階段的創路之旅。

十年中，面對這計劃中的種種挑戰，處理一些屢勸不改，令人心痛的學員，與合作夥伴溝通，與同事協調，也面對作為領導的軟弱及自信心不足。我們提醒學員要堅持，但作為領導，我也曾經想過放棄；當我慢慢冷靜下來，沉住氣反思，能重睹最初的異象，於是學習在種種逆境中堅持下來。

到了第七年，我與團隊完成了兩本以 MA 為主題的書：《創路達人の從零開始》及《玩創未來》。心中的一個心願圓滿了，也覺得自己的創路人生告一小段落。這段日子的堅持，讓我更真實的面對自己，勇於面對前面的困難，我真誠希望祝福創路坊有新的元素引領到新階段去。

就在這同時，「青年發展基金」的北京團隊向我招手，那裏需要一個人帶領新的團隊，設計及帶領以抗逆力及創路為內容的培訓課程。在我幾年前的靜修中，神引領我看到中國人教育及價值觀重整的需要，作為一個在香港較有經驗的「培訓顧問」，我可以為他們做什麼？我發現在中國這土地上，有千千萬萬的打工子弟，他們面對出路的問題，更感無助及看不清前路。對我來説，這個挑戰是要到一個陌生的環境，操不太熟練的語言，與陌生的團隊合作，實在有太多的恐懼。但是之前七年的經驗，豈不告訴我，人生就是一趟歷奇旅程？我帶着一顆戰兢的心，開展我在北京的創路之旅。我負責設計及帶領一個給農民工子弟的創路成長計劃。我把很多在創路坊時所經歷過的活動，與同事一起把它們本地化，將活動轉化成為國內學員也可以參考的模式。經過這幾年的經歷，我發現並不是我幫助他們，而是他們的生命教懂我什麼是堅持和珍惜。

三本「創路之旅」的書

感謝新鴻基地產的贊助，我們第一本《創路達人の從零開始》在 2008 年出版，我們帶着一個謙虛及戰戰兢兢的心，將與青少年同行的理念、創路的藍圖展現出來，當中也加插了學員的故事和成長片段。之後我們收到四方八面的迴響及鼓勵，甚至在北京的公益機構也與員工一起參考這本書，制定他們的課程理念及內容。我們收到的一個回應是希望能更具體一點，知道我們在計劃中做了什麼，以致工作者能參考及轉化。因此第二本書《玩創未來》在 2010 年出版，同時間推出配合的創路活動工作坊，把活動的精粹傳遞給一些青少年工作者。

活動只是整個計劃其中一個元素，要讓學員的生命有轉化，師徒關係是不可或缺的元素。坊間不少機構開辦眾多職業輔導、生涯規劃課程，這些基礎課程能有效地幫助青少年思考前路。創路，不單限於一個課程，一個計劃，它是一個生命歷奇的旅程，也是陪伴及同行的歷程。創路者有時候也是陪伴者，是生命的打氣者。

邀請你也成為創路者

教育學家巴默爾（Parker Palmer）在《讓生命發聲》中指出，如果我們希望找到人生的召命，就要懂得聆聽自己內心真實的聲音，並願意活出上天給每個人的寶盒中的寶貝，這些包括興趣、性格、才能、專長等，從而推動我們繼續創路，畫出自己的生命藍圖。這個召命不單是滿足個人的鴻圖大計，也與真實世界的需要連上關係。讓我們也學習反思自己的生命藍圖，與他們一起學習，與他們一起創路。

我們希望讀者不單參考我們的理念及活動，更希望藉 MA 第三本書《折翼孩子能飛》，邀請你與我們成為這一羣折翼孩子的創路同行者。你開始了自己的創路旅程嗎？你願意與青少年同行，一同開創他們的生命旅程嗎？

蔡元雲〉跋
突破機構榮譽總幹事

觸動人心的起飛故事

這本書確是盛載了有血有肉的故事，多位青年人：趙景欣、小鳥、李貴華、Ansir、許子聰、楊智釗、戴婉兒、顧建輝、Kelvin 和胡健昕親自述説他們如何在逆境中堅持，在挫敗中振翅；內心不少掙扎，最終是拍翼得康復，展翅上騰。

三位導師李潔卿、黃嘉儀和楊安琪詳細解説「先學做人，再學做工」的信念，並將信念化作充滿創意與真情的體驗性學習旅程，支援青年人再度起飛。

在整個旅程中，原來還有不少充滿愛心的同行者：「生命導師」以生命影響生命，陪同青年人創路；「工作師傅」以言教、身教，在職場實踐督導陪伴青年人學習做工；「家校同行」展示了家長和老師的關懷，成為青年人學習做人背後的支援。

全球逆境中前行期望

全球政治、經濟、就業和民生的處境仍然嚴峻；香港貧富懸殊仍佔全球首位，約有三十萬的青少年仍陷升學和就業的逆境；再加上家庭中的關係仍需修補，社會中負面的情緒等等，都叫青少年要加強學習做人，再學做工，才能振翅起飛。

香港政府成立「扶貧委員會」、「勞福局」和「教育局」全力配合；再加上「職業訓練局」近年不斷加強青少年「做工和做人」的培訓，都是積極回應青少年的需求。

突破機構創立「師徒創路學堂」已有十年，與學校、商界，和家長結為夥伴，陪伴青少年同行創路取得感人的成果。期望這股精神堅持下去，既然這個十年實踐中證實是「可操作」（Actionable）的模式，下一步應探討如何成為「可持續」（Sustainable）的課程，再進一步培訓更多青少年工作者，成為一個「可拓展」（Scalable）的「學做人、學做工」項目，讓這城市中的更多青少年，即使曾經折翼，仍能振翅高飛。

心理與栽培系列最新書目

書名	作者
不信贏在起跑線	吳思源
牧養新世代	蔡元雲、謝文策
聖經的教養智慧	上官賢恩著、余滿華譯
荒島校長的教子祕笈	陳兆焯
嘴巴失控了 —— 青少年導師求生手記	伍詠光、楊安琪
教壞細路 —— 荒島校長的教育筆記	陳兆焯
孩子不難教	余慧明、劉振國
敢夢想飛 —— Young life 召命導航手冊	蔡元雲
玩創未來 —— 創路達人遊戲攻略 70 篇	鄧淑英、黃嘉儀、李潔卿、李樑林、梁裕宏
哪個孩子不出色	梁永泰
追風箏的父母	霍玉蓮
《聖經》中的經典言説	李錦洪
源心繪 —— 在塗鴉中發現自己	董謝小華
啟動羣體生命力 —— 小組訓練 10 課	區祥江
創路達人の從零開始	鄧淑英、梁裕宏、黃嘉儀、李潔卿
生命軌迹 —— 13 個助人自助的成長關鍵	區祥江
溝通演説 26 式 —— 從 A 至 Z 教你説得好	李錦洪
成長體驗 Debriefing	麥淑華、鄧淑英
全世界聽你説故事	夏文博著、郭智嘉譯
整全的歷奇輔導	李德誠、麥淑華